KB033952

톡 까놓고 이야기하는 노동

플랫폼 · 자동차 산업 · 노동 정책에 대하여

오민규 · 더불어삶 · 현장의 노동자들 지음

톡 까놓고 이야기하는 노동

플랫폼·자동차 산업·노동 정책에 대하여

발행일 초판 1쇄 2022년 5월 27일

지은이 오민규, 더불어삶, 현장의 노동자들

편집 김유민

디자인 이진미

펴낸이 김경미

펴낸곳 숨쉬는책공장

등록번호 제2018-000085호

주소 서울시 은평구 갈현로25길 5-10 A동 201호(03324)

전화 070-8833-3170 **팩스** 02-3144-3109

전자우편 sumbook2014@gmail.com

홈페이지 https://soombook.modoo.at

페이스북 /soombook2014 **트위터** @soombook

값 16,000원 | ISBN 979-11-86452-81-3

잘못된 책은 구입한 서점에서 바꿔 드립니다.

《톡 까놓고 이야기하는 노동》 지은이 인세 전액은 '플랫폼노동희망찾기'에 기부합니다.

톡 까놓고 이야기하는 노동

플랫폼·자동차 산업·노동 정책에 대하여

오민규 · 더불어삶 ·
현장의 노동자들 지음

숨쉬는 책공장

무겁긴 하지만 조금은 가볍게
읽을 수 있는 노동 이야기

이 책은 2021년과 2022년에 걸쳐 진행한 세 차례의 노동 관련 좌담회 내용을 지면으로 옮기고 여러 차례 수정, 보완한 결과물이다. 민생 연구·지원단체 더불어삶과 노동문제연구소 해방의 오민규 연구실장이 주도적으로 좌담회를 기획했으며, 주제별로 현장 활동가 또는 노동자를 초청해서 질문을 던지고 답변을 들었다. 더불어삶 회원들 및 노동에 관심 있는 몇몇 시민들이 방청객으로 참여했다.

좌담을 막상 해 보니 이야기가 끊임없이 이어졌다. 2~4시간 동안 빽빽하게 진행해도 좌담회가 끝날 때쯤 되면 아쉬움이 남았다. 노동의 현장을 오가며 활동하는 분들은 직함과 관계없이 각자의 분야에 대한 지식과 통찰을 가진 전문가들이었다. 그들과 대화한 내용을 다수 시민들과 공유하고 싶었다. 출판사 숨쉬는책공장에서 우리의 그런 마음을 알아준 덕분에 한 권의 반듯한 책이 만들어졌다.

세 차례의 좌담 주제는 각각 플랫폼 노동, 자동차 산업 전환, 노동 정책 비판이다. 그리고 전체를 관통하는 주제어를 말하라면 '미래의 일자리'가 된다. 플랫폼은 현재 일자리가 빠르게 늘어나고 있는 부문이고, 자동차 산업은 기후위기에 대응하기 위한 산업 전환으로 일자리에 변동이 생길 것으로 예상된다. 그리고 노동 정책과 산업 정책이 그 일자리의 질을 좌우한다. 우리의 미래를 불안정한 저임금 일자리로 채울 것인가, 아니면 양질의 안정적인 일자리로 채울 것인가?

미래 이야기를 제대로 하기 위해서는 과거의 실패를 정확히 평가해야 한다. 그래서 우리는 문재인 정부의 정책에 관해서도 많은 이야기를 나눴다.

문재인 정부는 스스로 촛불 정부라고 했다. 입으로는 진보와 개혁을 말했는데 5년 동안의 노동 정책은 혼선과 후퇴의 반복이었다. '최저 임금 1만 원' 공약은 스스로 파기했고, 공공 부문에서는 제대로 된 정규직화를 하지 못했다. 원하청의 종속 구조는 바뀐 게 없다. 자산소득의 격차가 사상 최대로 벌어져 노동소득의 가치를 떨어뜨렸다. 핑계를 대기에는 문제가 너무 심각했다. 그런데도 5년간의 실정에 책임을 져야 할 사람들은 정권이 바뀐 원인을 잘못 파악하고 있는 것 같다. 그들이 알든 모르든 우리는 노동자와 촛불 시민의 관점에 서서 그 누구든 가감 없이 비판했다.

그리고 어느 정치세력이 정권을 잡든 공통적으로 요구되는 근본적인 개혁의 방향에 대해서도 의견을 밝혔다.

윤석열 새 정부의 노동 정책은 이제 출발선에 섰다. 그리고 벌써부터 노동계의 항의에 직면해 있다. 대통령직 인수위는 가장 열악한 환경에 처해 있는 노동자를 보호하기보다는 기업들의 요구를 최우선으로 들어주겠다는 자세를 취하고 있다. 여당 인사들은 규제 완화와 노동 시간 완화, 임금 체계 손질, 중대재해처벌법 완화, 최저 임금 차등 적용 등을 서슴없이 거론한다. 이런 정책이 현실화할 경우 차별은 더 심해지고 불안정 저임금 구조가 고착화할 우려가 있다.

이 책의 3부에 언급된 한국지엠은 법원의 불법파견 판결 취지를 무시하고 1차 하청 업체 노동자들을 포함한 노동자 350명에게 해고 예고 통보를 했다. 윤석열 정부 해고 1호인 셈이다. 이 책의 1부의 주인공인 플랫폼 노동자들은 임의적인 전속성 기준을 폐지하라는 구호를 아직도 외치고 있다.[2022년 5월 9일 현재, 국회 환노위(환경노동위원회)에서 산재 전속성 폐기 법안이 법안심사소위를 통과했다. 이제 산재 전속성 폐기 법안은 환노위 전체회의와 법사위를 거쳐 본회의에 올라갈 예정이다. 그동안 플랫폼 노동자들이 지속적으로 투쟁한 결실이라 할 수 있다.] 윤석열 정부는 이 사안들 하나하나를 어떻게 해결할 것인가? 국회 의석의 90% 이상을 점유하고 있는 거대 양당이 과연 노동권에 관심을 기울일 것인가? 마음이 무겁지만 답은 정치권에서 나오지 않을 것 같다. 노동자와 시민들에게서 나와야 한다. 우리는 이 책이 '무겁긴 하지만 조금은 가볍게 읽을 수 있는 노동 이야기'로서 시민들에게 널리 읽히기를 바란다. 복잡한 내용은 풀어 쓰고 그림도 많이 넣으려고 나름대로 노력했다.

오민규 연구실장은 앞으로도 현장에 기반한 연구를 부지런히 해 나갈 것이다. 더불어삶은 노동 현장과 시민들의 일상을 매개하는 역할을 더 활발하게 해 나갈 것이다. 그리고 좌담에 참가하신 분들 모두 각자의 현장에서 빛나는 성과를 만들어 나갈 것이다. 책의 제작 과정에 참여하고 응원해 주신 모든 분께 깊이 감사드린다.

2022년 봄

저자 일동

일러두기

이 책은 민생 연구·지원단체 더불어삶과 노동문제연구소 해방 오민규 연구실장이 주도적으로 기획해 2021년 10월 10일에 연 좌담회 '노동의 입장에서 보는 자동차산업 전환', 같은 해 11월 20일 '플랫폼 노동과 권리 찾기', 2022년 1월 15일 '문재인 정부 일자리 정책 유감'의 내용을 정리한 것으로 변화된 내용들은 괄호를 사용해 설명을 넣었다.

차례

2부 자동차 산업의 전환과 노동

3부 일자리 정책 유감

2021년 기준으로 플랫폼 노동자는 전년 대비 3배 증가해 무려 66만 명에 달하고 지금도 계속 늘어나고 있다. 그런데 플랫폼 기업들은 이들이 노동자가 아니라고 주장하고 있어, 플랫폼 노동자들은 노동권 보호의 사각지대에 놓이고 있다. 플랫폼 노동자들에 관한 정부의 정책은 무엇이 문제고, 앞으로 어떤 방향으로 바뀌어야 하는가? 우리 생활 가까이 있는 배달, 대리운전, 물류 노동자들에게서 직접 이야기를 들어 보자.

1부

플랫폼 노동과 노동권

오민규(오) 노동문제연구소 해방 연구실장
박정훈(박) 라이더유니온 위원장
김주환(김) 전국대리운전노동조합 위원장
정동헌(정) 공공운수노조 전국물류센터지부 쿠팡물류센터지회(동탄) 조합원
안진이(안) 사회자, 더불어삶 대표
방청객 1,2,3,4 더불어삶 회원들

안 반갑습니다. 더불어삶 대표 안진이입니다. 오늘 귀한 분들을 한자리에 모셨습니다. 플랫폼 노동에 대해 사회적으로 관심이 높아지고 있습니다. 현장에 계신 전문가들의 이야기를 들어 보고자 합니다. 먼저 각자 소개 부탁합니다.

오 반갑습니다. 노동문제연구소 해방 연구실장 오민규라고 합니다.

김 반갑습니다. 전국대리운전노동조합 위원장 김주환입니다.

정 저는 쿠팡 동탄물류센터에서 일을 하고 있고요. 전국물류센터지부 쿠팡물류센터지회의 동탄센터분회 조합원입니다. 정동헌이라고 합니다. 반갑습니다.

박 라이더유니온 위원장 박정훈입니다.

안 플랫폼이란 무엇인지에 대해 우선 짚고 넘어가야겠습니다. 원래 플랫폼이라고 하면 열차를 기다리는 승강장을 의미하는데요. 산업 측면에서 플랫폼은 서비스 이용자와 노동자를 연결하는 어떤 시스템 또는 기업을 의미하는 것 같습니다. 이 개념이 맞나요?

플랫폼은 사람들을 묶어 놓는다

오 여기서 개념을 잘 잡고 가야 합니다. 플랫폼이 중개 서비스로 소개가 많이 되는데, 사실은 그렇게 설명하면 플랫폼을 이해하기가 어렵습니다.

중개 서비스가 아니라는 얘기는 아니에요. 플랫폼이 중개만 하지는 않는다는 겁니다. 그리고 중개가 아니라 다른 곳에 핵심이 있어요. 플랫폼은 수요자와 공급자 혹은 서비스 이용자와 서비스 공급자, 이 둘을 연결할 뿐 아니라 그 플랫폼의 망으로 묶어 버립니다. 묶어야만 플랫폼으로서 기능을 할 수 있거든요. 배달 플랫폼 같은 경우 라이더, 음식점, 고객 이렇게 3가지 주체를 다 플랫폼에 묶어 놔야만 사업을 할 수 있어요. 묶어 놓지 않으면 플랫폼을 이용할 사람이 없기 때문에 자본으로서 살아남지 못합니다. 그래서 플랫폼 사업의 핵심은 중개보다는 사람들을 플랫폼에 묶어 놓는 데 있습니다.

플랫폼이 결국에는 독점으로 가려고 하는 본성을 설명하는 데도 이 개념이 굉장히 중요해요. 노동자성, 사용자 책임 같은 쟁점들을 이해하기 위해서도 그렇고요. 플랫폼이 '망'으로 사람들을 묶어 놓는다는 특성을 반드시 인식해야 합니다.

안 플랫폼 자본은 승강장이라기보다는 망이고, 중개가 아닌 묶어놓기가 핵심이라는 것이군요. 잘 기억해 두겠습니다. 독점 얘기는 나중에 더 하게 될 듯하고요. 이제 플랫폼 노동의 정의로 넘어가 보겠습니다. 한국노동연구원 발표에 따르면 광의의 플랫폼 종사자가 179만 명, 협의의 플랫폼 종사자는 22만 3,000명이라고 하는데요. 광의는 무엇이고 협의는 무엇인가요?

오 며칠 전에 수치가 업데이트됐는데요. 방금 말씀하신 게 2020년 수치고요. 2021년 발표로는 광의의 플랫폼 종사자가 220만 명이고 협의의 플랫폼 종사자가 66만 명입니다. 둘 다 많이 늘어났죠. 광의의 플랫폼 노동자 비율을 보면 전체 취업자의 8.5%입니다.

간단히 얘기하면 플랫폼 중에는 중개 서비스를 주로 하는 플랫폼과 그렇지 않은 플랫폼이 있습니다. 그러니까 플랫폼 중에는 일감 배정이나 가격 결정에 다 개입하는 플랫폼도 있죠. 우리가 흔히 얘기하는 배달, 대리운전, 쿠팡 배송도 가격을 비롯한 조건들을 플랫폼이 다 결정하잖아요. 택시와 모빌리티 같은 서비스들은 일감을 어떻게 배정하고 가격을 어떻게 책정할지를 모두 플랫폼이 결정합니다. 일하는 사람이 소비자와 직접 흥정하는 개념이 아니죠. 이렇게 일하는 분들을 협의의 플랫폼 종사자라고 부릅니다. 웹툰 작가나 창작 활동하시는 분들도 여기에 포함된다고 할 수 있습니다.

그리고 구인구직 서비스만 하는 플랫폼이 있습니다. 우리가 흔히 접하는 알바몬이나 알바천국의 경우 플랫폼을 통해 일자리를 구하기는 하는데 일감이나 임금까지 플랫폼이 결정하지는 않죠. 이렇게 단순한 일자리 매칭을 하는 경우까지 합쳐서 광의의 플랫폼 종사자를 집계합니다.

엄밀히 얘기하면 협의의 플랫폼 종사자만 플랫폼 노동자라고 하는 게 맞습니다. 알바천국이나 알바몬을 통해서 일자리 구한다고 다 플랫폼 노동이라고 하는 건 조금 무리가 있잖아요. 학자들은 다 그렇게 얘기하는데, 정부는 중개만 하는 플랫폼도 굳이 '광의의 플랫폼'이라는 이름으로 엮으려고 해요. 여기에서 어떤 의도가 보이는 것 같습니다. 제가 보기에 정부는 '플랫폼은 중개 서비스다'라고 말하고 싶은 것 같아요.

유럽 국가들과 여타 다른 국가들에서는 플랫폼 노동의 규모를 추산할 때 한국처럼 광의의 플랫폼 종사자를 엮어 넣지 않아요. 대부분 협의의 플랫폼 종사자만 집계하는데 한국만 광의의 플랫폼 개념을 사용해요. 실제로 한국노동연구원 부원장이 통계를 발표할 때도 광의의 플랫폼 종사자를 플랫폼 노동에 넣는 건 말이 안 된다고 직접 밝혔어요. 그런데도 고용노동부가 굳이 플랫폼 종사자를 '광의의 플랫폼 종사자'라고 이야기하는 겁니다.

안 중요한 지점을 짚어 주셨네요. 오늘 좌담에서는 협의의 플랫폼 노동자에 초점을 맞추겠습니다. 그게 앞에서 말씀하신 '망' 개념에도 맞을 것 같아요. 이 협의의 플랫폼 노동자가 2020년 22만 명에서 2021년 66만 명으로 늘어났다면 증가 속도가 굉장히 빠른 것 같네요.

오 네. 그리고 빠르게 늘어나는 66만 명 가운데 4분의 3이 여기 계시는 세 직종입니다. 배달, 배송 등 모빌리티 업종이요. 나머지

4분의 1이 가사나 돌봄, 창작을 비롯한 다양한 업종에 분산되어 있습니다. 그래서 여기 오신 분들이 한국의 협의의 플랫폼 노동을 거의 대표하신다고 보면 됩니다.

안 쿠팡 정동헌 조합원님도 참석해 주셨는데요. 쿠팡은 플랫폼 기업일까요? 제가 주변 사람들과 이야기를 나눠 보면 '쿠팡은 그냥 대규모 유통업체 아니냐'고 반문하기도 하거든요.

오 한국의 플랫폼 노동을 정의하려면 플랫폼 자본을 먼저 정의하는 게 맞다고 생각합니다. 우리가 흔히 아는 플랫폼 중에 이 자리에서 논의되지 않는 것들이 있지요? 페이스북이나 당근마켓 같은 건 왜 없을까요? 그런 건 노동이나 노무제공과 관련한 플랫폼이 아니기 때문입니다. 이건 광의의 플랫폼 노동보다 더 넓은 개념이죠. 저는 '협의의 플랫폼 노동'을 주로 사용자형 플랫폼(A)

플랫폼의 개념

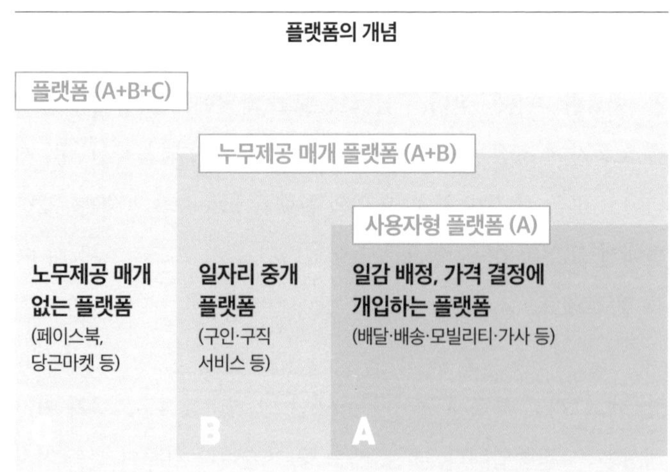

이라 부릅니다. 여기에 일자리 중개 플랫폼(B)을 합하면 우리가 논하고 있는 '노무제공 매개 플랫폼(A+B)'이 되고 이게 정부 개념으로는 '광의의 플랫폼 노동'입니다. 그런데 노무제공을 매개하지 않는 플랫폼(C)이 있죠. 그런 의미에서 광의의 플랫폼 노동보다 넓은 개념이라 한 겁니다. '플랫폼 노동'을 다룬다면 A, B만 다루는 게 맞고요. '플랫폼 자본'을 다룬다면 C까지 다루는 게 맞습니다.

지금 우리는 노동과 노무제공을 매개하는 플랫폼만 다루고 있는 겁니다. 페이스북이나 당근마켓은 사실 광고로 수익을 창출하고, 노동자를 고용해서 이익을 창출하는 건 아니죠.

안 그럼 쿠팡은 당연히 A에 해당하겠네요.

오 네. 쿠팡의 경우 플랫폼 기업으로 봐야 합니다. 기본적으로 플랫폼이라는 망을 통해 서비스를 제공하거나 일을 하는 노동자들은 전부 플랫폼 노동자로 봐야 한다는 게 저의 견해입니다. 물론 다른 점은 있습니다. 이를테면 쿠팡에서 직고용 배송 노동자(쿠팡친구)와 물류센터 노동자들은 근로계약서를 써요. 그렇기 때문에 노동자성을 다투지는 않습니다. 그런데 쿠팡플렉스 배송 기사들과 쿠팡이츠의 라이더들 같은 경우는 근로계약서를 쓰지 않는다는 이유로 전부 프리랜서처럼 취급하려고 해요.

하지만 근로계약서를 쓰건 안 쓰건 노동법을 회피하는 전략을 쓴다는 점에서는 거의 동일합니다. 왜냐하면 쿠팡의 경우 고용인원을 일용직과 계약직으로 거의 다 채우고 있는데, 한국의 근로기준법과 노동조합법이 일용직과 계약직을 위해서는 거의 작동하지 않거든요. 일용직을 위한 취업 규칙을 만들지 않아도, 일용직을 위한 노사협의회 위원을 선출하지 않아도, 그게 법 위반이 아니에요. 그런 면에서 노동법 회피 전략을 사용하는 플랫폼 자본의 일반적인 특성을 다 보여 주고 있기 때문에 저는 쿠팡도 이 범주에 넣는 것이 맞지 않나 합니다. 정동헌 조합원은 어떻게 생각하시는지요?

정 오민규 실장님이 큰 틀에서는 잘 정리해 주신 것 같아요. 쿠팡이라는 기업이 플랫폼이라는 데는 아무도 이의를 달 것 같지 않고요. 그렇지만 쿠팡친구 배송 부문도 지부가 조직되어 있고, 방금 말씀하셨듯이 물류센터 노동자들도 어쨌든 근로계약서를 쓰거든요. 그래서 노동자성을 다투지는 않아요. 하지만 교섭 회피 같은 걸 보면 여타 플랫폼 기업들이 쓰는 수법하고 똑같습니다. 미국 아마존의 노조 결성이 무산되는 것과도 비슷해요.

안 쿠팡 물류센터는 쿠팡의 자회사인 쿠팡풀필먼트서비스가 운영하는 것으로 알고 있습니다. 배송에 대해서도 이야기를 나눴으면 합니다. 쿠팡 소속 배송 기사를 쿠팡친구라고 부르나요?

정 네. 쿠팡친구는 정규직입니다. 본사가 직접 고용해요.

안 직접 고용이라고 쿠팡이 홍보를 많이 했던 기억이 나네요. 그다음에 일반인들도 배송이 가능한 부분이 쿠팡플렉스고, 음식 배달이 박정훈 위원장님 계시는 쿠팡이츠. 이렇게 정리할 수 있겠습니다.

박 제가 조금 더 말씀을 드리자면, 우리가 어떤 노동이 플랫폼 노동이냐 아니냐에 집착하다 보면 자본의 전략이나 노동 현실이 왜 이런지를 이해하기가 어려워질 수 있습니다.

규정하고 구분하는 것보다 플랫폼 자본이 왜 직고용을 하는지, 왜 플랫폼 노동을 쓰는지, 왜 비정규직을 쓰는지를 봐야 합니다. 기업은 상황과 조건에 따라서 자유롭게 선택을 해요. 그래서 쿠팡 같은 기업들을 이해하려면 '힘을 가진 자본이 노동시장에서 이런저런 전략을 자유롭게 사용하고 있다.'고 생각하는 게 나을 것 같아요. 그리고 플랫폼 노동에도 직고용은 있거든요. 플랫폼 노동이 본질적으로 가지고 있는 불안정성을 보완하기 위해 소수라도 직고용을 유지할 필요가 있는 거죠.

배달 노동의 실태 - '살기 위해 로그인'한다

안 잘 알겠습니다. 그러면 박정훈 위원장님 말문을 여신 김에 배달 노동의 실태가 어떤지를 들어 보면 좋겠는데요. 배민(배달의 민족)의 경우를 찾아보니 배민라이더와 배민커넥터가 있어요. 배민라이더는 배민에 소속된 전업 라이더고, 커넥터는 몇 시간씩도 일할 수 있는 형태입니다. 제가 어제 배민커넥터 광고 문구를 한번 찾아봤어요. "도보, 자전거, 킥보드, 자동차, 오토바이 모두 오케이. 내가 원할 때 시작해 보세요. 초보자도 할 수 있고 시간 날 때 1~2시간 가볍게 나의 라이프 스타일에 맞춰 선택할 수 있어요." 그리고 라이더의 경우는 "편리한 앱과 배차 시스템, 안정적인 주문 수와 수입, 산재보험 가입, 다양한 프로모션 적용"이라고 돼 있는데요. 박 위원장님, 이 광고에 대해서 어떻게 생각하시는

지요? 과연 자유로운 업무 시간 선택은 가능한가요?

박 광고 문구를 들으니 몇 가지 생각이 나네요. 일단은 노동의 의미를 무너뜨리고 있어요. '노동이 아니라 운동이다.'라고 생각하게 하는 듯합니다. 앱 속으로 들어가면 이게 게임의 퀘스트처럼 되거든요. 몇 건 이상을 하면 보너스를 준다든가 하는 식으로요. 그래서 '내가 노동을 하고 있다, 기업과의 관계 속에서 일을 하고 있다, 생산 과정에 있다.'라기보다는 마치 게임 같은 다른 활동을 하고 있다는 느낌을 주려고 하는 것 같네요.

두 번째로 시간 개념인데요. 전통적으로는 공장이나 회사에 출근이 있고 퇴근이 있고 쉼이 있고 휴가가 있는 거잖아요. 그 속에서 노동 시간 단축을 이뤄 내고 노동자의 건강권과 휴식할 권

주문 중개 앱과 배달 중개 앱

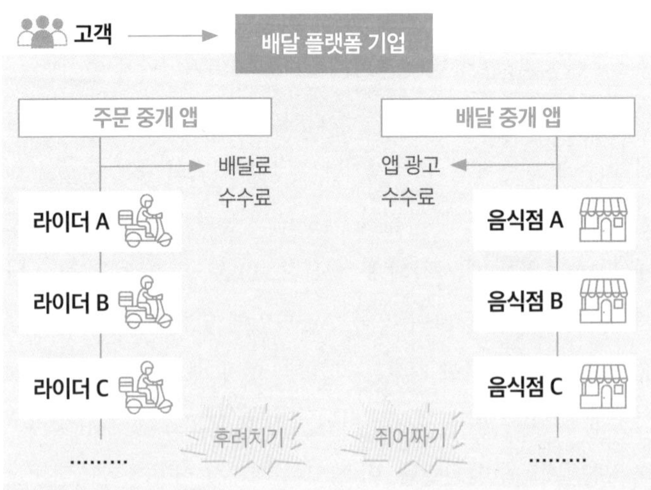

리를 쟁취해 왔던 것이 노동 운동의 역사인데, 이것이 깨지고 있다는 생각이 들어요. 지금까지 자본의 목표가 노동자들이 퇴근 후에 시간을 소비하도록 만드는 거였다면, 플랫폼 자본은 잉여 시간에 생산에 동참할 것을 요구하면서 잉여 인력을 빨아들입니다. 그래서 우리의 여가가 사라지고 실시간으로 내 시간이 자본에 의해 생산의 시간 또는 소비의 시간으로 바뀌어 버립니다.

플랫폼 기업이 그런 광고를 내보내는 것은 노동력 축적을 위해서겠지요. 플랫폼 이전에는 최저 임금을 보장해야 하고 대기 시간에 대한 보상도 해야 했는데, 이제 플랫폼에서는 그럴 필요가 없기 때문에 무한한 축적이 가능합니다. 그래서 이런 광고를 자신 있게 할 수 있는 거고요. 만약에 인력을 채용한다면 '모집 몇 명'이라고 명시해야 되는데 그런 게 없잖아요. 이건 플랫폼 자본이 노동력을 무한대로 축적할 수도 있다는 의미입니다. 이게 빠른 배달의 실체지요.

오 배달 앱이 2개잖아요. 주문 중개 앱이 있고 배달 중개 앱이 있는데, 주문 중개 앱은 우리가 흔히 쓰는 요기요나 배민 같은 것들이고, 라이더들이 쓰는 앱은 배달 중개 앱이에요.

방청객1 그러니까 주문 앱은 사용자가 음식을 제공받을 때 사용하는 거고, 배달 앱은 라이더에게 일거리를 배정한다는 거죠? 저는 쿠팡이츠 앱만 알고 있었는데, 방금 찾아보니 '쿠팡이츠 배달 파트너'라는 앱이 있네요.

오 맞아요. 그런데도 배달 플랫폼 기업들은 스스로 IT 기업이라고 주장합니다. '우리는 중개만 한다'는데, 이건 말도 안 되는 주장이에요. 다시 말씀드리지만 플랫폼을 중개로 보면 곤란합니다.

그런데 보통 앱을 사용하는 사람이 유저User잖아요. 앱을 공급하는 사람은 서비스 공급자고요. 실제로 플랫폼 기업에서 그렇게 주장하거든요. 라이더들은 우리가 고용한 노동자가 아니고 파트너다, 즉 '우리의 고객이다'라고 얘기를 해요. 실제로 '유저'가 된 느낌이 나시나요?

박 먹고살기 위해서 출근하는 유저죠. 자유로운 노동이 성립하려면 내가 일하지 않더라도 먹고살 수 있는 상황이 전제되어야 하거든요. 그런데 노동시장에서는, 지금 당장 시간당 최저 임금이라도 받아야 하는 사람들은 바로 자기 노동력을 팔러 들어오는 거고 그렇지 않은 사람들은 대기하는 거죠. 더 높은 가격의 노동력 상품을 만들기 위해 5년, 10년을 견딜 수 있는 사람들은 대학원에 간다든가 하는 식으로요. 그래서 노동시장이 자유 경쟁 시장이라고 하는 건 거짓말입니다. 왜냐하면 노동력을 공급하는 주체들의 사회적·경제적 조건이 다르고, 선택권이 매우 불평등하게 주어지기 때문에요. 당장 먹고살아야 하는 사람들은 플랫폼에 자유롭게 로그인하는 게 아니라 살기 위해서, 사회적·경제적 압력 때문에 로그인하게 되는 겁니다.

오 "시간 날 때 한두 시간 가볍게"라는 문구가 결국 출근인 거군요. 그리고 나중에 잠깐 말씀드리겠지만, 배달 중개 앱을 개발하는 개발자들은 라이더를 '유저'로 안 봅니다. '리소스'로 봐요. 앱의 효율성을 위해 소모되고 소비되는 존재로 말이죠.

대리운전 노동의 실태 - 국가가 방치한 노동

안 대리운전 노동의 실태에 대해서도 듣고 싶은데요. 우선 가벼운 질문부터 드릴게요. 대리운전이라는 직업이 아시아권에만 있는 건가요?

김 그렇지는 않고요. 대리운전 산업이 한국 사회에서 유례가 없을 정도로 성장하긴 했어요. 대리운전 기사가 20만 명 정도 되는데, 이게 공공운수 부문 노동자 규모와 비슷하거든요.

한국 사회에서 대리운전 시장이 활성화된 이유가 몇 가지 있어요. 우선 한국의 개인 서비스 노동자 임금이 낮은데 대리운전 요금도 그렇게 안 비싸요. 한국에서 대리운전은 택시 대체재의 성격이 강해요. 도심과 베드타운으로 나뉘어서 출퇴근이 힘들다는 점과 특유의 음주 문화, IT 산업의 발달 등도 영향을 미쳤어요.

외국의 경우를 보자면, 호주나 미국 같은 나라는 땅이 워낙 넓어서 운전을 대신하는 서비스가 쉽지 않지요. 미국에서는 택시의 대체재가 우버입니다. 프랑스에는 쇼퍼Chauffeur라는 전문 비서와 비슷한 고급 서비스 직종이 있고요. 북유럽이나 북미는 음주운전을 막기 위해 대리운전을 공공 서비스화했어요.

일본의 경우는 아예 대리운전법을 만들어서 대리운전 시장을 고급 시장으로 제도화했고요. 일본에서는 대리 기사들의 임금이 택시 기사들보다 30% 정도 높습니다.

그리고 한국에서 대리운전이 활성화되는 것을 보고 중국의 차량공유 업체인 디디추싱滴滴出行이 대리운전으로 사업을 확충했어요. 그런데 디디추싱은 중국 대졸 청년층이 선호하는 회사입니다. 한국에서 대리운전이 직업으로 제대로 인정 못 받는 것과는 다르죠.

결국 대리운전이라는 하나의 노동은 나라마다 사회적 여건 속에서 다양하게 자리매김한다는 겁니다. 플랫폼이라는 것도 단순히 기술 발달의 산물이라기보다, 각국의 노동시장 흐름과 관계를 맺으면서 형성된다고 봅니다.

오 한국의 대리운전은 영어로 번역이 안 됩니다. 각 나라마다 개념이 달라서요. 대리운전 노동조합을 쇼퍼스 유니언Chauffeur's union이라고 하면 고급 차를 모는 전문 기사로 받아들일 거고, 그렇다고 직역(Proxy driver's union)하기도 우습고요. 술을 마셔서 자기 차를 운전할 수 없는 사람의 차를 대신 몰아 주기……. 번역을 하려면 이렇게 길게 설명할 수밖에 없어요.

김 요즘에는 가사 노동이나 돌봄 노동 같은 표현을 쓰잖아요. 우

한국 플랫폼의 특징 - 원래 있었던 노동이다!

우버의 경우 원래 없었던 서비스를 새로 만든 것이다. 그런데 한국 플랫폼 노동자의 70% 이상을 차지하는 배달, 운송, 대리운전 등은 예전에도 있던 노동이다. 이 노동시장을 플랫폼 기업들이 재편했을 뿐이다. 이게 외국과 다른 점이다.

외국에서는 우버가 생기면서 플랫폼 노동자가 생겼다. 한국의 배달 노동자는 원래 있었지만 전부터 노동자로 인정받지 못했다. 그래서 오랫동안 노동자로 인정받기 위해 싸웠다. 정부와 사용자들은 그들의 노동자성을 인정하지 않고 그들을 특수고용직이라고 불렀다. 그러다가 이제는 플랫폼 종사자라는 명칭을 붙이려 한다.

리도 새로운 용어를 만들어야 하지 않을까 하는 이야기도 합니다. '안전 귀가 도우미' 같은 식으로요.

오 와우, 좋네요. '안전귀가 도우미', 옥스퍼드 사전에 등록시킵시다.

안 제가 구글에서 대리운전 기사 모집 광고도 찾아봤는데, 카카오T를 깔면 바로 등록할 수 있다고 뜨더라고요. 그리고 "○○콜 대리운전" 같은 업체들의 광고도 보였습니다. 면허증과 스마트폰만 있으면 등록이 가능한 것 같아요.

김 그 유명한 '1577-1577'이 있잖아요. 1577-1577도 플랫폼 기업이에요. 다만 그때는 우리가 이걸 플랫폼이라는 관점에서 보지 못했던 거죠. 대리운전은 시작하기가 엄청 쉬워요. 운전면허증 하나만 있으면 할 수 있습니다.

안 대리운전 기사가 20만 명이면 하루에 콜 수는 얼마나 되나요?

김 국토부(국토교통부) 조사 결과 하루 평균 콜 수가 58만~60만 건 정도 됩니다. 하루에 약 50만 명이 술을 마시고 대리운전을 이용하는 거예요.

한국은 대리운전 업체들이 일방적으로 힘을 가지고 있으니까 기사들한테 횡포나 갑질이 심해요. 그런데도 정부는 대리운전 시장을 책임지고 규제하지 않았어요. IMF 이후에 현장에서 노동자들이 막 잘렸는데, 이 사람들을 국가가 책임지기 싫으니까 대리운전 같은 시장을 그냥 놓아둔 것 같아요. 요즘 택시가 힘드니까 사람들이 대리운전과 배달 시장을 왔다 갔다 하는 것도 마찬가지고요. 플랫폼은 기업의 전략일 수도 있지만 어떻게 보면 국가의 선택입니다.

안 20만 명의 생계가 달려 있는 산업이라면 정부가 제도적 틀을 잘 마련해야 하는데 그냥 방치했다는 말씀이네요.

안전한 배달의 전제 조건은?

안 어떤 경우에도 지켜져야 되는 것이 사람의 건강과 안전이잖아요. 이번에는 노동자들의 건강권에 관해 구체적으로 이야기를 나눠 보고 싶습니다. 2020년 한국비정규직노동단체네트워크와 한국비정규노동센터가 함께 진행한 '전국 배달노동자 실태조사' 결과를 보니까 전업 라이더분들이 평균 주 6일, 하루 10시간 노동을 한다고 하더라고요. 박정훈 위원장님, 라이더들이 왜 이렇게 장시간 노동을 하고 사고 위험에 노출되는 걸까요?

박 배달 라이더들이 배달대행을 하는 이유가 근로기준법 테두리 안에서는 자신들이 원하는 수익을 얻을 수 없기 때문이에요. 그

일본에는 대리운전법이 있다!

일본은 2002년 6월 '자동차운전대행 업무의 적정화에 관한 법률'을 확정, 공포했다. 반면 한국의 대리운전 시장은 무법지대에 가깝다.

래서 근로기준법이라는 보호 장치를 떼고 배달대행으로 가요. 임금이 높아서 돈을 많이 버는 게 아니라 근로기준법상 노동 시간을 초과해서 일하면서 자신이 원하는 소득을 얻는 겁니다. 그래서 하루 10시간~12시간씩 일하고 주 6일 일하게 됩니다. 야간이나 연장 수당, 연차나 퇴직금, 4대보험까지 넣어서 환산하면 최저임금보다 조금 더 버는 수준이라고 보시면 될 것 같고요.

배달대행은 사실 음식점들이 배달 비용을 아끼기 위해서 탄생시킨 겁니다. 인건비랑 오토바이 비용을 아끼려고 합의를 했어요. '배달 라이더가 내 가게의 음식만 배달하지 않아도 된다.', '여러 음식점이 배달 라이더 한두 명을 같이 사용한다.'라는 합의를요. 이 합의는 묶음배송을 전제로 합니다. 한 번에 여러 집으로 가면서 빠르게 배달하는 체계이고, 그러다 보니 사고 위험이 높아진 거고요. 이게 전통적인 배달 시장에서 전투 콜이라고 불리는 거고, 손님과 음식점과 라이더가 합의한 체계입니다.

그런데 최근에 단건 배달이 들어오면서 이게 무너지기 시작했어요. 단건 배달의 문제는 배달료가 정해져 있는 게 아니고 실시간으로 바뀐다는 겁니다. 그러니까 라이더들이 피크 시간대에 최대한 많은 AI 배차를 받아서 빠르게 배달을 하고 와야 되는 구조입니다. 보통 일반 배달대행은 출퇴근 시간이 정해져 있거든요. 반면 배민이나 쿠팡은 조금 더 자유로운 형태예요. 배민이나 쿠팡은 장시간 과로의 문제보다는 콜의 안전성 문제가 더 크다고 볼 수 있겠습니다.

안 임금을 보전하기 위해서는 스스로 자신을 보호할 수 있는 법의 테두리에서 벗어나야 하는 것이군요.

오 최근 <한겨레>, <동아일보> 등 언론사들이 진행한 실태조사 결과를 보면, 자영업을 하다가 몰락하고 배달 일을 선택하시는 분들이 있어요. 이를테면 빚을 갚기 위해서요. 빚을 갚으려면 통상적으로 어디 들어가서 일하는 것보다 훨씬 많이 벌어야 되니까 노동 시간을 갈아 넣는 거죠. 주 52시간 등의 규제에서 벗어날 수 있으니까요. 말씀하신 대로 주 6일, 하루 10시간에서 12시간씩 일하면서 빚도 갚고 생활도 하고…….

안 안전 문제 관련해서 계속 이야기해 보자면, MBC <탐사기획 스트레이트>에서 기자 두 분이 일주일 동안 배달 체험을 해 본 적이 있잖아요. 그런데 배달 시간을 지키려면 교통법규를 지키기가 어려웠다고 하더군요. 방송을 보니까 시간이 좀 늦어진다 싶으면 메시지가 오고 재촉을 하는 시스템이 있는 것 같았어요. 라이더유니온에서는 교통법규를 지켜서 배달하는 실험을 해 보신 것 같던데 어떤 실험을 하셨는지요?

박 저희가 3일 연속으로 실험을 했어요. 하루는 알고리즘이 정해주는 대로 가 봤고, 다음 날은 베테랑이라고 불리는 라이더들이 전략적으로 거절하는 평소 방식대로 가 봤고, 그 다음 날은 신호를 지키면서 가 봤어요. 신호를 지켰을 때는 당연히 수입이 최저임금보다 못하게 나왔고, 알고리즘대로 가도 수입 면에서 불리했습니다. 그래서 결국에는 전략적으로 적절하게 거절하면서 가게 됩니다. 사실 이건 배달의민족, 쿠팡이츠, 요기요 같은 기업들도 인정하는 현실이에요. 그래서 기업들은 알고리즘 배차를 거절했을 때 패널티를 주는 방식으로 노동력을 통제하려 하지요.

배달 플랫폼 기업들은 번쩍배달, 치타배달, 익스프레스 같은 이름으로 빠른 배달 경쟁을 계속하고 있어요. 그러는 동안 실제 일을 하는 노동자들은 사고의 위험과 난폭 운전에 대한 사회적 비난을 떠안고 있습니다.

우리의 주장은 '안전배달료'를 도입하자는 겁니다. 신호를 다 지키면서 가도 적절한 배달료를 받게 해 달라는 건데, 이게 합의가 잘 안 되죠. 왜냐하면 아까 말씀드렸다시피 배달대행이라는 게 비용을 줄이기 위한 3자 동맹이거든요. 안전배달료를 도입하면 이 3자 동맹이 깨지는 거라서요. 소비자들도 비용을 더 지불할 생각이 있느냐가 관건입니다.

안 안전배달료는 반드시 필요하다고 생각합니다. 화물차 운송에 안전운임제를 도입해서 노동환경이 개선되고 사고도 많이 줄었잖아요. 그런데 이 제도에는 3년간 한시적 적용 후 폐지할 수 있다는 일몰 조항이 붙어 있어서, 요즘 이걸 연장하느냐 마느냐가 또 문제가 되더라고요. 좋은 제도를 만들 때는 왜 꼭 일몰을 두는지 모르겠어요.

안전운임제란?

화물차 기사의 낮은 운임이 위험한 운행을 강제하는 문제를 해결하기 위해 2020년 1월부터 시행된 제도로, 국토교통부가 정한 안전운임보다 낮은 운임을 지급하는 경우 화물차주에게 과태료 500만 원이 부과된다.
2021년 한국안전운임연구단의 추적 연구에 따르면 안전운임제 시행 전 71%에 달했던 졸음운전 경험은 제도 시행 이후 10.8%p 감소한 것으로 나타났다. 과속으로 인한 사고 위험 경험은 4.1%p, 과적으로 인한 사고 위험 경험은 13.3%p 각각 감소했다.

현실의 라이더가 교통법규를 지키면?

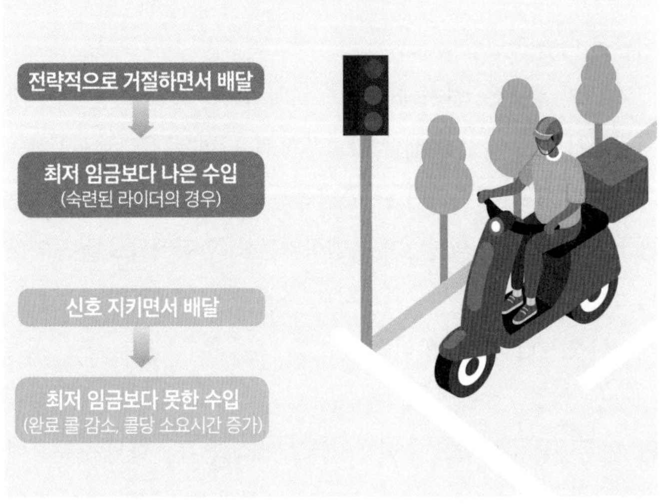

박 요즘 단건 배달 때문에 소비자들의 만족도 기준이 더 올라갔거든요. 우리 조합원들은 이런 이야기를 합니다. '버스를 타고서 택시처럼 가 달라고 하는 거랑 똑같다.' 저희가 원래는 버스처럼 정해진 코스를 가는데, 어느 날 손님이 와서 자신이 가자는 길로만 가라고 한 거예요. 버스 요금과 택시 요금은 다르고, 달라야 하잖아요. 최근에 이렇게 시스템이 완전히 바뀌고 있는 상황이에요. 만약 비용이 감소했다면 안전에 따른 비용을 누군가가 감당하고 있는 상황인 거고요.

방청객 2 만약 배달 도중에 사고가 났는데, 어쩔 수 없이 시간 때문에 신호 위반을 해서 사고가 났다면 어떻게 되나요?

박 그럴 경우 산재(산업재해) 처리가 안 됩니다. 당연히 저희도 산재 가입 대상입니다. 산재 가입을 안 했다 하더라도 산재 보상을 받을 수 있고요. 그런데 신호 위반은 12대 중과실에 들어가기 때문에 산재 승인이 거부됩니다.

방청객 2 그럼 신호 위반을 해서 사고가 나면 그건 전부 라이더의 책임인가요?

박 네. 지금 이것도 쟁점이에요. 산재법(산업재해보상보험법)에 라이더가 고의로 불법을 저질렀을 경우에는 산재를 불승인해도 된다는 조항이 있는데, 저희는 '이게 어떻게 고의냐, 노동환경이 이런데.'라고 항변합니다. 법원에서는 우리 주장을 인정하지 않고 있어요. 그런데 우리가 이걸 가지고 시위라도 하면 제대로 해명하고 설명할 기회조차 갖지 못한 상태에서 시민들의 거센 반발에 부딪힐 수 있어서…….

방청객 2 제가 예전에 뉴스에서 본 것 같은데, 어느 아파트 단지에서 불법 유턴을 안 하면 엄청 돌아가야 하는데 앱은 그걸 계산하지 못하는 상황이었거든요. 그래서 라이더가 불법 유턴을 하다가 사고를 당했는데 그게 산재가 안 되었다고 하더라고요.

박 안 되죠. 아니, 안 됐던 거죠. 저희는 문제 제기를 하려 했지만 대법원에서 관련 판정이 나온 직후였던 터라 그때 문제 제기를 하기에는 시기라든가 분위기가 좋지 못했어요.

산재보험과 '전속성' 기준

안 라이더들은 지금 산재보험 가입이 돼 있는 건가요?

박 '전속성 기준'으로 인해 한 달 소득이 116만 4,000원 이하거나 한 달에 97시간 이하로 일하면 산재 가입이 불승인됩니다.(2021년 기준) 저희 라이더들만 그런 게 아니라 14개 특수고용직이 전부 전속성 기준에 매여 있어요. 고용노동부 장관이 고시하는 거고요.

왜냐하면 특고(특수고용)라는 개념 자체가 '근로기준법으로는 보호를 못 해 주겠다. 대신 산재 보호는 해 줄게.'라고 해서 탄생한 개념이거든요. 그래서 특수고용직은 산재 보호는 되지만 모든 특고 노동자에게 적용되는 게 아니라 장관이 고시한 그 전속성 기준을 충족하는 사람만 해당합니다. 전속성 기준을 충족할 경우 업체 사장이 산재 가입을 안 시켰어도 보상을 해 주는 방식이에요.

어쨌든 최근에 전속성 기준이 문제가 있다는 말이 나오니까 고용노동부에서도 바꾸려고는 합니다. 고용노동부뿐만 아니라 플랫폼 기업도 그걸 바라겠지요. 전속성 기준 없이 그냥 산재 보상을 해 주면서 노동력을 활용할 수 있는 편이 나을 테니까요. 라이더가 민사 소송을 걸어 버리면 기업 입장에서는 리스크가 되잖아요. 차라리 전부 산재보험에 가입시키는 게 낫지요. 그래서 이건 노사가 같이 주장하는 건데, 조금 더 고민해 보면 노동 유연화를 가속화할 수단일 수도 있습니다.

어쨌든 현실에서는 전속성 기준 폐지가 우리의 주장이지만 또 한편으로는 플랫폼 기업의 요구 사항이기도 합니다.

김 아까 대리운전 기사가 20만 명이라고 말씀드렸잖아요. 국토부가 진행한 작년 실태조사 결과로는 16만 8,000명이라고 해요. 그런데 16만 8,000명 중에서 전속성 기준으로 산재보험 적용 대상이 12명이에요. 12만 명이 아니고 12명요. 그리고 8명이 임의가입에서 배제되어 빠지고 2020년 말에 1명이 또 빠져서 결국 2020년 말에 산재보험 가입된 사람이 3명이었어요. 20만 명 중에 3명이요. 그래서 불합리한 전속성 기준을 폐지하라고 서울고용노동청 앞에서 석 달 정도 천막농성을 했습니다. 어쨌든 지금은 정부에서도 전속성 기준 폐지를 추진한다고 말하고 있고, 지금 법안도 발의되어 있습니다.

안 그러니까 이렇게 이해하면 되는 거죠? 근로기준법으로 보호가 되는 경우는 아무 문제가 없고요. 사각지대의 노동자들도 사실 근로기준법으로 보호하면 되는데 그걸 안 하려다 보니까 산재보험법을 적용하게 되었습니다. 그런데 이른바 '특수형태 근로종

전속성 기존에 정부는 전속성이 높다고 판단하는 14개 직종의 특수고용직에게 산재보험 가입을 허용했다. 2021년 기준, 라이더의 경우 한 업체에서 월 116만 4,000원 이상 수입을 올리거나 97시간 이상 일해야 산재보험 가입이 가능한데, 지역 배달대행 업체 라이더들은 한 플랫폼에 속해 있지 않아 이 기준을 맞추지 못하는 경우가 많다. 그리고 한 플랫폼에서 이 기준을 맞춰서 산재보험 가입자로 인정되더라도 다른 플랫폼 업무를 수행하다가 사고가 나면 산재보험 적용이 거부되는 일이 종종 벌어진다. 특수고용직의 경우 산재보험료 50%를 부담시키는데 보험료를 꼬박꼬박 내도 이런 경우에 산재보험 적용을 배제해 버린다. 그래서 전속성 기준은 특수고용직을 보호하기보다는 보험료 납부를 회피하려는 사업주에게 유리한 제도라는 비판, 국가가 보험료를 받으면서 보험 적용은 안 해 주는 보험 사기를 벌이고 있는 것 아니냐는 비판까지 제기되고 있다.
2022년부터는 전속성 기준이 월 소득 115만 원 또는 월 종사 시간 93시간으로 변경되었다.

사자'는 전속성이 인정되는 경우에만 산재보험 대상이 된다고 해 놓아서 현장에서 문제가 되는 거고요.

김 일반 회사들은 보험료를 월급을 기준으로 보험료율을 곱해 계산하잖아요. 우리 대리운전 노동자들의 경우 여러 회사에서 일하니까 전속성 기준이 있으면 보험료를 징수하기 힘들어요. 이 경우 쉽고 빠른 방법이 있어요. 우리는 모든 콜이 다 기록으로 남거든요. 그러니까 모든 콜에 그냥 산재보험과 고용보험을 징수하면 됩니다. 그러면 전속성 기준이 필요 없어요. 우리도 일은 똑같이 하는데 행정편의적인 전속성 기준으로 사회의 안전망에서 배제됐던 거죠.

이제는 콜당 징수를 하기로 했습니다. 2020년 7월부터 대리운전 노동자가 특수고용으로 분류됐고, 고용보험 적용은 2022년 1월 1일부터 됩니다.

오 조금 더 설명해 볼게요. 회사 다니시는 분들은 아실 겁니다. 산재보험이나 고용보험은 내가 뭘 신청해서 납부하는 게 아니라 기업이 내 월급에서 일정 부분을 빼서 대신 납부하지요? 고용노동부나 근로복지공단에서 별도로 징수하지 않고 기업이 대신 걷어서 내주니까 별도의 행정 시스템을 갖출 필요가 없어요. 그런데 그렇지 않은 경우들이 있죠. 내가 배민커넥터로 몇 시간씩 일하거나 투잡, 스리잡을 가지고 일할 때 산재보험은 어떻게 되느냐는 겁니다. 노무현 정부 때 일인데요. 특수고용에 대해 산재보험을 적용한다고 해 놓고는 2007년 입법할 때는 "주로 하나의 사업에 노무를 제공"이라는 문구를 집어넣었어요. 이게 바로 문제의 ‘전속성’ 조항입니다. 전속성이 없으면 산재보험 적용이 안 된다는 거죠. 그러다 보니 대리운전 노동자 20만 명 중에 3명만 산재보험에 가입되는 사태가 벌어진 겁니다.

그런데 이 기준이 깨졌어요. 박 위원장님이 말씀하신 것처럼 기업도 그걸 원하는 데다 행정 부담도 줄이려고 하는 거죠. 예전에 배민에서 전속성 기준 때문에 복잡하니 차라리 배민커넥터들 전부 산재보험 가입시켜 주겠다고 했는데, 문제는 배민커넥터가 전속성 기준을 충족하지 못하거든요. 라이더가 배민커넥트를 하다가 쿠팡이츠도 하다가 왔다 갔다 하는데, 이걸 다 기준에 따라 걸러 내려니 행정적으로 어마어마한 수고가 들어갑니다. 그러니 차라리 전속성 기준 없이 다 인정해 주는 게 낫다는 거죠. 모든 게 행정편의에서 시작된 거고, 지금 제도를 바꾸겠다는 것도 행정편의 때문입니다.

김 한국의 모든 노동법은 전속성을 전제로 하고 있습니다. 그러니까 하나의 기업에 근무하는 정규직을 기준으로 모든 법이 만들어져 있어요. 그렇다 보니 실질적으로 노동법이 적용되는 노동자들이 전체 노동자의 20%가 넘지 않습니다. 80%가 배제돼 있어요! 사실 20%도 전태일 열사가 분신하신 후에 노동법 적용을 받게 된 거지만요. 80%의 노동자가 노동법의 보호를 못 받으니, 최소한 일하다 다치는 것에는 어떤 대책을 세워야 하는 거 아니냐고 해서 정부가 마지못해 특례로 적용을 확대했는데 이때 전속성 기준이라는 걸 집어넣었던 겁니다.

저희 대리 기사들의 경우 전속성 기준을 충족하려면 자기가 받는 콜의 70% 이상을 한 회사에서 받아야 합니다. 그건 불가능해요. 만약 제가 콜을 받고 분당에 갔는데, 전속성 기준을 맞추기 위해서는 다시 회사로 와야 하지만 분당에서 콜을 잡을 수가 없지요. 먹고살려면 어떻게 해야 할까요? 서울에 있는 회사 콜을 잡아서 분당에 갔다가, 분당에 있는 다른 회사 콜을 잡아서 서울로 와야겠지요. 여러 회사에서 일하지 않을 수가 없어요.

행정편의 기준을 인정하더라도 방법이 없는 것은 아니에요. 대학 시간강사들 있잖아요. 강사들은 이 대학 저 대학 다니면서 일을 하는데 이분들에게는 그동안 법적 보호를 제공했어요. 이분들은 자기가 원하는 대학 한 군데서 나머지 대학의 강의 시간을 모아서 신고하든지, 아니면 가장 많은 수입을 올린 대학에서 전체를 합산해서 신고하면 됩니다.

오 시간강사 사례도 있고 건설 노동자 사례도 있어요. 건설 분야는 워낙 들어오고 나가는 사람이 많잖아요. 라이더와 대리운전만큼은 아니지만 매일 사람이 달라지기도 하니까요. 그 경우 산재보험과 고용보험 적용에 관해 특례가 있어요. 예를 들어 20억 원짜리 공사라고 하면 보험료 1년치를 한꺼번에 사업주에게 징수합니다. 그러면 그 현장에 몇 명이 일하러 왔다가 나가든 간에 거기서 일한 사람들은 다 산재보험 적용을 해 주는 겁니다. 이런 방법이 얼마든지 있고 개발할 수 있는데 안 하는 거죠.

김 제가 보기에는 지금 수준의 한국 사회라면 행정적인 문제를 충분히 해결할 수 있습니다. 아까 말씀드린 20%를 제외한 80%의 노동자들에게도 산재보험 적용을 얼마든지 할 수 있어요.

안 그럼, '한 업체에서 월 97시간' 같은 기준은 별다른 근거가 없는 건가요?

박,김,오 네, 없어요. 전혀 없어요.

안 기준이 그렇게 편의적이었다는 게 놀랍네요. 대리운전 이야기는 들었고, 라이더의 경우는 한 업체 기준으로 몇 시간을 채워야 하는 건가요?

박 한 업체 기준 97시간이에요. 소득 기준은 116.4만 원입니다.(2021년 기준) 라이더들이 여러 업체에서 일하는 경우 산재보험 중복 가입이 안 됩니다. 예를 들어 배민에 특수고용으로 들어가 있는데 쿠팡이츠를 하다가 116시간을 넘겼다고 쳐요. 그럼 배민 산재는 탈퇴가 돼 버려요. 이직 처리 통보서가 오고요. 그때 다시 배민 앱을 켜서 일을 하면 산재 보상이 안 돼요. 아까 다른 분들이 말씀하셨듯이 주로 하나의 업체에서 일하는 것이 특고 산재보험 적용의 기준이기 때문에 그렇습니다.

퀵서비스 노동자들은 여러 개의 프로그램을 쓰기 때문에 이 기준을 충족할 수가 없어요. 그럼, 이분들은 중소기업 사업주 산재보험을 자기가 알아서 가입해야 하는 겁니다. 그렇게 가입하지 않으면 보상이 안 되고요.

그런데 근로복지공단이 실제로 우리가 일하는 시간을 측정할까요? 안 합니다. 그걸 알 수가 없잖아요. 그래서 신고할 때 '내가 97시간 이상 일합니다.'라고 하면 산재보험 가입이 되는 거죠.

김 아까 산재법 개정안이 상정되어 있다고 했잖아요. 자꾸 미루고 있어서 어떻게 될지 모르겠는데, 개정안이 통과되면 이런 우스꽝스러운 일들은 이제 없어지겠죠. 전속성 기준을 없애면 모두 산재보험 적용을 받습니다. 대리운전 기사나 라이더 개개인이 가입하는 게 아니라 강제 가입 방식이에요. 특별한 이유가 있어서 스스로 산재보험 가입 안 하겠다고 신청할 경우만 예외로 했고요. 그래서 산재법 개정안이 빨리 통과되길 바랍니다.

오 언제 통과될 수 있을까요?

김 정부와 정치권이 현실을 직시하면 되는데, 그렇지 않으면 공감대가 더 만들어져야 할 것 같아요.

도로와 시민의 안전을 위한 라이더유니온 10대 요구안

1. 안전배달료 도입
2. 알고리즘 설명 요구권과 협상권 보장
3. 배달대행 사업자 등록제 도입
4. 표준 공임 단가 도입, 오토바이 수리 센터 자격증 및 등록제 도입
5. 배달용 보험 공제회 설립 및 노조 참여 보장
6. 산재제도 개선: 전속성 기준 폐지, 휴업급여 현실화, 보험료 사용자 100% 부담
7. 플랫폼 배달 노동자 건강보험 문제 해결: 지역의료보험으로 월 30만 원씩 부담
8. 고용보험 수급 요건 완화: 사실상 실업급여 혜택을 받을 가능성 0%
9. 지정차로제 폐지, 이륜차 및 영업용 모빌리티 면허 강화, 이륜차 주차장 신설, 지하 주차장 및 횡단보도 페인트 재질 변경, 이동 노동자 쉼터 확대 등 이륜차 시스템 정비
10. 감정노동자보호법 배달 노동자 등 특수고용 노동자에게도 적용

전속성 폐지, 적용제외신청 폐지 법안 국회 환노위 통과

대담을 진행하고 얼마 지나지 않은 2022년 3, 4월에 배민과 쿠팡 2개의 플랫폼을 통해 일하던 배달 노동자들이 중상 또는 사망했으나 전속성 기준을 만족하지 못해 산재 승인이 거부되는 사건이 발생했다. 중상을 입은 분은 라이더유니온 조합원이기도 했다. 라이더유니온은 즉각 이 문제를 쟁점화하며 산재보험 전속성 조항 폐지를 위한 투쟁에 돌입, 지난 5월 9일 국회 환경노동위 법안소위에서 관련 법안이 통과되는 성과를 만들어 내기도 했다. 이 과정에서 전속성 조항만이 아니라 적용제외신청 제도까지 함께 폐기되었는데, 학습지 교사나 택배 기사, 보험모집인 등 전속성을 충족한 특수고용 노동자들에게 산재보험 가입의 걸림돌로 작용했던 악법 조항도 역사 속으로 사라지게 되었다.

*** 라이더유니온 산재 전속성 폐지를 위한 투쟁 과정(2022년)**

3월 23일 전속성 문제로 산재 승인 거부된 조합원과 함께 인수위에 문제 해결 촉구

4월 5일 쿠팡 사망사고 관련 인수위에 전속성 문제 해결 촉구 및 면담 요청

4월 14일 인수위 임이자 의원(사회복지분과 간사)과 면담. 전속성 폐지 약속

4월 22일 인수위, 사측, 정부와 라이더유니온 간담회 진행. 전속성 폐지 공감대 형성

4월 27일 라이더 대행진

5월 9일 국회 환경노동위원회 법안소위 통과

고용 규모 3위 쿠팡, 일자리의 질은?

안 쿠팡은 산재보험 가입이 의무화되어 있는 것으로 알고 있는데요.

정 네. 저희는 근로기준법 적용을 받습니다.

김 지금 한국 사회에서 산재 문제가 아주 심각한데요. 쿠팡의 경우 산재보험 적용을 받긴 하지만 물류센터 이야기를 좀 들어 봐야 해요. 이 경우는 법이 문제가 아닙니다.

안 쿠팡에서는 물류와 배송 양쪽 다 산재 건수가 많던데, 쿠팡 물류센터 쪽만 산재보험 가입이 되는 건가요?

정 '쿠팡친구'라는 이름의 배송 노동자가 쿠팡 전속이고, 물류센터에는 쿠팡 자회사인 쿠팡풀필먼트서비스 소속의 계약직, 무기계약직, 정규직이 있어요. 이분들은 다 근로기준법 적용을 받죠. 여러분은 전국에 쿠팡 물류센터가 얼마나 있는 것 같으세요?

방청객1 한 200개?

정 사실 저도 세어 보진 않았는데요. (청중 웃음) 코로나가 발생하고 고용시장이 얼어붙었잖아요. 그래서 쿠팡이 지자체랑 MOU를 맺어서 도시마다 물류센터를 짓고 있어요. 언론 기사를 보면 경남 함양에도 쿠팡 물류센터가 생긴다고 하던데, 뭐 사람 사는 곳에는 다 지을 것 같은 기세고요. 최근에는 쿠팡에 고용된 전체 노동자 수가 삼성전자, 현대차 다음으로 많아서 3, 4위 정도 된다고 하더라고요. 그중 절반 정도가 물류센터 소속일 겁니다.

이제는 시민들도 쿠팡 물류센터 산재가 많다고 알고 계시지만, 언론에 알려진 건 극히 일부입니다. 산재가 많다는 사실도 최근에 알려진 거고요. 작년 5월 부천 신선센터에 코로나19 확진자가 나오면서 산재가 발생했고, 2020년 10월에 청년 노동자 장덕

쿠팡풀필먼트서비스 노동자 산재 및 사망 현황

● 산업재해 현황

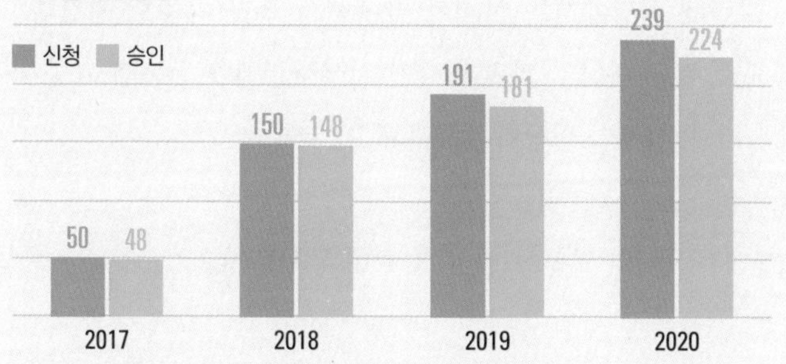

참고: 고용노동부, '2016~2020년 5개 택배물류업체 산재 현황' 자료,
매일노동뉴스, '택배물류 공룡' 쿠팡 지난해 인정된 산재만 758건, 2021년 2월 19일자,
https://www.labortoday.co.kr/news/articleView.html?idxno=201399

● 사망 현황

2020.03.12. 안산1캠프 쿠팡맨, 40대 계약직 노동자

2020.05.27. 인천물류센터, 40대 계약직 노동자

2020.10.12. 경북칠곡물류센터, 장덕준 씨(주당 평균 58시간, 사망 직전엔 62시간 노동. 과중한 업무로 근육이 파괴되는 '근융해증'이 의심됨)

2020.11.01. 마장물류센터, 50대 납품업체 직원

2021.01.11. 경기도화성물류센터, 50대 여성 노동자(물류 자동화 시스템 설비의 검수 작업을 하던 납품업체 소속. 사망하기 전 70일 동안 추석 연휴를 포함해 15일 쉼. 41일 동안 576시간을 일한 것으로 하루 평균 14시간 이상 일함)

2021.01.11. 동탄물류센터,최경애 씨(심근경색, 난방 장치가 전혀 없는 물류센터에서 기록적인 한파가 있던 날 사망)

2021.03.06. 구로배송캠프, 쿠팡맨 관리 캠프 리더 40대 노동자

2021.03.06. 송파1캠프, 심야 배송 담당 쿠팡맨 40대 노동자

2022.02.11. 동탄물류센터, 50대 여성 노동자(뇌출혈, 전산 담당자인데도 상하차 업무 등 과도한 업무를 함)

* 2020년 한 해 동안 덕평, 동탄, 인천, 칠곡 물류센터에서만 119구급차가 77번 출동했다. 닷새마다 한 번꼴로 응급 환자가 발생한 셈이다.

준님이 과로로 돌아가시고, 2021년 1월에 동탄물류센터에서 또 한 분이 산재로 돌아가셨어요. 그런 사례들이 언론에 알려지니까 최근에 쿠팡 산재가 좀 드러나는 것 같습니다.

그런데 현장에서는 산재가 발생해서 누가 다쳐도 굉장히 조용해요. 누구 하나 다치면 회사가 시끌시끌해야 하는데 그렇지가 않습니다. 산재가 일상화된 곳이에요.

방청객1 산재의 일상화라니! 그게 더 무서운데요?

정 최근에 기사화된 내용을 소개해 드릴게요. 연세대 윤진하 교수 연구팀이 쿠팡 물류센터 노동자의 노동 강도와 건강이 어떤지를 조사했어요. 그랬더니 야간 노동하시는 분들이 일할 때 심박수가 120까지 높아졌고 잠을 잘 때 심박수는 59 정도로 나온 거예요. 연구팀은 '이건 자는 게 아니다.'라고 했어요. 자면서도 일하고 있는 것과 같다고요. 그러니까 심혈관계 질환 위험이 높다는 거고요.

그리고 물류센터니까 중량물을 많이 다루잖아요. 그러면 근골격계 질환 가능성은 당연히 있지요. 쿠팡 물류센터 건물이 엄청나게 커요. 4층 건물이라고 해도 다른 건물의 10층, 11층 정도 높이거든요. 계단 폭도 엄청 넓은데 무거운 물건을 들고 그 계단으로 이동하다 보면 허리와 무릎이 상해요. 쿠팡의 실상이 다 드러나면 쿠팡은 진짜 중대재해 기업이 됩니다. (청중 탄식) 쿠팡에서도 이게 다 드러나면 기업이 타격을 받고 정부에서도 과징금 때리고 조치할 테니까 구조적으로 은폐하고 있어요. 이제 노동조합이 생겼으니 이런 문제를 드러내는 과정이 필요할 것 같아요. 노조가 2021년 6월에 생겼거든요. 이제 재해 환자들이 얼마나 있는지 드러내 봐야죠.

방청객1 쿠팡 물류센터에서 일할 때 휴대폰을 가지고 들어가지 못한다고 들었는데, 맞나요?

정 네. 허가된 사람만 보안 스티커를 발급받아서 들고 갈 수 있고요. 그냥 식품 쪽이나 진열 업무를 하시는 분들은 대부분 못 들고 들어가요. 80% 정도는 못 들고 들어간다고 보면 돼요.

오 이유가 뭐예요?

안 쿠팡 측에서는 보안시설이라서 안 된다고 하던데, 물류센터가 왜 보안시설인가요?

정 휴대폰이 있으면 일에 집중을 안 한다고 그러는 건지……. 잘 모르겠지만 현장에는 그렇게 생각하는 사람도 적지 않아요. 저는 쿠팡 물류센터만 그런 줄 알았더니, 최근 보도를 보니 광주에 캐스퍼 만드는 글로벌모터스라는 공장도 휴대폰을 못 가지고 들어가고 사물함에 두고 들어가야 한다고 하더라고요. 그래서 '우리랑 비슷하네.'라는 생각을 했죠. 거기는 '노동자 안전과 품질 향상을 위해'라는 식으로 포장을 잘했지만요.

휴대폰이 없으면 사고가 나도 알릴 수가 없어요. 그러니까 열악한 노동 현실을 은폐하기 좋은 구조인 것 같아요. 저희가 인권위(국가인권위원회)에 진정도 넣고 했는데, 노조가 생겼으니 이것도 바꿔 나가야죠.

김 요즘은 군대에서도 휴대폰을 쓸 수 있는데…….

정 실제로 현장에서 그 얘기를 해요. 군대도 휴대폰을 들고 들어가는데 여기는 군대보다 더한 것 아니냐, 이런 대화가 오가지요.

오 굉장히 중요한 문제입니다. 현대차 공장 중에 노동조합이 없는 체코 공장 같은 곳이 그렇고요. 캐스퍼 만드는 광주글로벌모터스 공장도 마찬가지입니다. 통제 수단으로 휴대폰을 못 들고 들어가게 하는 거지 보안 문제하고는 아무 상관이 없어요. 보안 문제라면 카메라 앱만 안 되게 하는 것도 얼마든지 가능하잖아요. 앞서 말씀하신 것처럼 휴대폰 반입을 막으면 사고 신고가 안 됩니다. 만약에 평소에 혈압이 높았던 분이 화장실에서 쓰러지셨다 해도 도움을 못 받는 거예요. 장시간 방치되면 무슨 일이 벌어질지 모르는데…….

그리고 정동헌 조합원님이 고용 규모를 말씀하셨는데, 2021년 6월 고용형태공시 자료에 따르면 쿠팡풀필먼트서비스가 직접 고용하는 인원이 2만 7,000명, 그리고 쿠팡친구를 고용하는 쿠팡 본사의 직접 고용 인원이 2만 3,000명, 그래서 둘을 합쳐 5만 명이에요. 삼성전자와 현대차에 이어 직접 고용 인원 3위입니다.

6월에 공개된 데이터는 3월 기준이니까, 지금은 6만 명까지도 늘어났을 가능성이 있어요. 지금 노조에서도 파악할 수 없을 정도로 물류센터가 늘어나고 있죠? 어디에 뭐가 생기는지 파악이 불가능한 정도입니다. 이렇게 계속 늘어나면 삼성전자, 현대차의

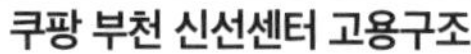

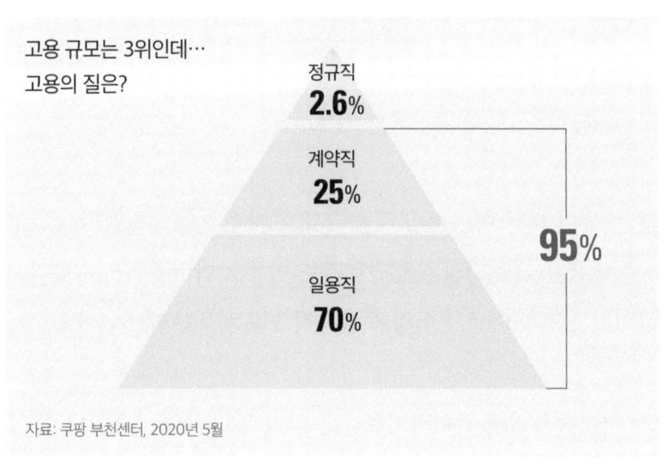

인원을 추월하는 것도 가능해요. 일용직도 기간제로 분류되니 그 6만 명 중에 기간제와 계약직이 80%일 거고요.

안 지금 쿠팡에서 정규직이 몇 %고 일용직이 몇 %인지는 공개되어 있지 않죠. 코로나19 감염사태가 발생했을 때 부천물류센터 하나만 공개됐는데, 그때 보니 완전 피라미드형 고용구조를 가지고 있더라고요. 정규직이 2.6%, 계약직이 25%, 그리고 일용직이 70%. 이렇게 일용직이 다수인 건 다른 센터도 비슷하다고 추정되나요?

정 네. 다 비슷하죠.

안 일용직은 앱을 하나 깔아서 아무나 그냥 가서 일할 수 있는 거고요?

정 네. 알바천국이나 알바몬에 공고가 올라오거든요. 거기서 지원해서 일 받아서 그냥 가는 거죠.

오 근로계약서도 휴대폰으로 써요.

안 쿠팡이 미국 아마존 모델을 그대로 가져와서 설립됐다고 알고 있는데요. 물류센터의 풀필먼트라는 이름도 아마존에서 따왔다고 하더라고요. 아마존도 이렇게 일용직으로 채우는 구조인가요?

오 아마존은 일용직이라기보다는 단기 일자리를 제공합니다. 클로이 자오 감독이 만든 영화 <노매드랜드>를 보면 집 없이 캠핑카 타고 떠돌아다니는 사람들이 나오잖아요. 그들처럼 크리스마스 시즌과 같이 바쁜 시기에 아마존 물류센터에서 초단기 알바(아르바이트)를 하는 사람들이 있어요. 장기 고용이 아니라 단기 고용 중심이죠.

안 쿠팡이든 아마존이든 일자리를 만들고 있기는 한데 좋은 일자리를 창출하는 건 아니네요. 진짜 바람직한 혁신이라면 양질의 일자리가 많이 만들어져야 되는데 노동력 쥐어짜기를 통한 혁신인 것 같아 씁쓸합니다. 이건 오히려 대중의 삶을 후퇴시킬 수 있는 모델이잖아요.

정 휴대폰을 통제한다는 이야기는 아까 했고요. 근태부터 휴가, 출퇴근을 모두 등록하는 앱이 있어요. 쿠펀치라는 앱인데요. 단기로 일하시는 분들은 그 앱으로 모든 일을 처리합니다. 그 앱이 최근에 논란이 됐어요. 쿠팡친구 배송 기사님들의 노동 시간을 조작해서, 실제로는 52시간 이상 일하는데 52시간을 만들어 버리는 거죠.

그리고 아까 MBC <탐사기획 스트레이트> 얘기가 나왔는데, 기자분이 쿠팡 물류센터에도 잠입해서 취재를 했습니다. UPH라는 수치가 있어요. 시간당 생산량을 나타내는데요. 노동자들이 시간당 상품을 몇 개나 진열하는지 관리자들이 다 들여다보는 거예요. 마감 시간이 다 되니 관리자들이 "빨리, 빨리!" 소리치는 모습이 방송에 여과 없이 나왔어요. 실제로 그런 노동 통제가 작동하고 있어요. 마감 시간을 못 맞추면 로켓배송에 지장이 생기니까 사람을 갈아 넣는 방식으로 시간을 맞춥니다.

안 저도 봤어요. 그 기자분은 진짜로 화가 났더라고요. 쉬지 않고 계속 일하다가 화장실을 한 번 다녀왔는데 관리자가 곧바로 호출을 했거든요. UPH가 낮게 나온다면서 사람을 달달 볶는 장면도 나왔어요.

정 실제로 물류센터 내부에서 방송이 나와요. '원바코드'라고, '○○○ 사원님' 이렇게 부르는 번호가 있는데요. 그 번호를 부르면서 마감 건이니까 빨리 레일에 올려 달라는 방송이 나옵니다. 우리는 현장에서 온종일 들어요. 관리자들이 방송을 계속해서 사람들을 가만히 있지 못하게 합니다.

오 미국 아마존에서는 그런 문제가 워낙 심각합니다. 캘리포니아주에서는 AB701이라는 법안이 통과됐어요. 이따가 AB5 이야기도 나올 텐데 지금 얘기하는 법은 AB701입니다. '오줌권(Right to pee)'이라는 별칭이 붙어 있어요. 최소한 화장실은 가게 해 줘야 하는데 그렇질 못하고, 오줌권 법안이 나올 정도인 겁니다. 물류센터를 비롯해서 일터에서 최소한의 휴식 시간을 보장하고, 여성의 경우 생리 휴가 및 수유 시간을 보장하도록 했어요. 또 UPH 같은 디지털 노동 통제도 제한하고요.

안 화장실 가는 건 인권이잖아요. 그런데 쿠팡의 극단적 노동 통제가 노동법 위반이냐고 하면 애매해지는 것 같아요. 예전에 이재갑 고용노동부 장관이 "현행 노동법 위반이 아니"라고 답변한 적이 있잖아요. 주 40시간 범위 내에서 일을 시키고, 하루 8시간 근무에 식사 시간도 주긴 하는데 그 근무 시간 내내 숨 돌릴 시간도 없도록 계속 몰아붙이는 것. 분명히 과로를 유발하는 방식이고 기존 법 조항에는 이와 관련한 내용이 없더라도 현실에서는 일어나고 있는 일인 거잖아요. 그래서 저는 정부가 정말 무책임하다라는 생각을 했습니다. 요즘 개선되고 있는 건 있나요?

퀴즈

다음 중 쿠팡 물류센터의 노동 조건과 거리가 먼 것은?

① 상비약 반입 금지
② 냉난방 안 되는 노동환경
③ 문제 제기가 자유로운 분위기
④ 저성과자 망신 주기
⑤ 화장실 사용 통제

정답: ③

정 그래도 노조가 생기고 여론의 지탄을 받고 하니까, 점심시간 50분 외에 중간에 휴식 시간을 20분 주기로 했습니다. 최근 또 5분쯤 늘린다고 이야기가 나왔어요. 바뀌는 건 있는데, 아직도 굵직한 과제가 많아요. 저희가 여름에 폭염 대책을 마련하라고 요구했는데, 옥외 노동의 경우는 시간이 얼마 이상 지나면 작업을 중지해야 하지만 실내 노동은 그런 규칙이 적용되지 않는다고 하더라고요. 그리고 겨울에는 또 추위 걱정을 해야 합니다. 그래서 노조에서는 냉난방에 대한 요구도 하고 있어요. 바뀌야 할 건 정말 많아요. 지금 이 자리에서 다 말하기 어려울 정도로 많아요. 시스템 전체를 다 바꿔야 할 것도 같고요. 그래도 관심을 받으니까 조금씩은 바뀌는 것 같습니다.

수수료를 착취하고, 책임은 회피하고

김 쿠팡 얘기를 들어 보니까 모집해서 들어갈 때까지는 플랫폼 노동이고 들어가면 거의 노예 노동이네요.

우리 대리운전 노동자들은 길거리가 곧 일터라는 점에서 조금 다른 측면이 있죠. 작년인가 울산에 가서 조합원들을 만났는데, 여성 조합원들이 제발 화장실 좀 갔으면 좋겠다고 하더라고요. 여성들이 몇 년 동안 이 일을 하면서 마음 편히 화장실을 못 가니까 나중에는 병이 생겼다는 거예요.

플랫폼 노동의 경우는 거리 자체가 작업장이라 공간과 상황이 광범위해서 노동 조건 개선을 개별 기업에게만 요구할 수도 없다는 생각이 듭니다. 이런 경우에는 국가 차원에서 노동 조건을 어느 정도 보장해야 하지 않을까요? 지금의 한국 정부는 개별 자본들이 돈벌이를 위해 기업 활동을 하는 데는 지원을 팍팍 하면서 실질적으로 일하는 사람들에게는 배려나 관심이 없어요. 여성들이 마음 편히 이용할 수 있는 화장실을 마련하는 건 최소한의 배려잖아요. 그래서 플랫폼 노동의 경우에는 개별 기업에 대한 문제 제기도 중요하지만, 정부의 책임도 간과하지 말아야 할 것 같습니다.

오 라이더들은 오줌권을 어떻게 해결해요?

박 생각보다 심각하지는 않아요. 음식점 사장님한테 요청을 많이 해요. 물론 그걸 거부하시는 사장님들도 있죠. 그래서 프랜차이즈 기업들이 가맹점주에게 라이더들의 화장실 사용을 보장하라고 해 주면 좋겠죠.

안 얘기가 나온 김에 현장의 문제들을 더 짚어 볼게요. 대리운전은 기본적으로 야간 노동이고 술 취한 고객도 상대하잖아요. 감정노동 문제도 있을 것 같고요. 또 현장의 가장 큰 불만은 수수료라고 들었는데, 김주환 위원장님께서 이야기를 더 해 주시지요.

김 실은 <탐사기획 스트레이트> 측에서 취재할 때 원래는 대리운전도 하려고 했어요. 그런데 도저히 못 하겠다면서 포기했어요. 스트레스와 긴장감이 너무 크니까요. 고객 대부분이 음주 상태고, 좁은 차 안에서만 이야기를 나누다 보면 욕설이 나오기가 쉬워요. 통계를 내 보면 대리운전 기사 중에 1년 동안 욕설이나 폭언을 경험했다는 비율이 80%가 넘어요. 그럼, 기사들이 이걸 어떻게 처리할까요? 가장 많이 하는 방법이 무엇일까요?

방청객2 참는다?

김 '참는다'가 맞습니다. 왜? 그걸 안 참고 경찰에 신고해 봤자 시간만 버리고 생계에 지장을 받으니까요. 그래서 참는 게 일상화되고 스트레스가 계속 높아지는 거죠.

그리고 야간 노동 문제. WHO에서 야간 노동은 2급 발암물질이라고 이야기합니다. 한국의 산업법에는 야간 노동을 유해인자로 규정해 월평균 4회나 60시간 이상 할 경우 특수건강검진를 실시해야 한다고 되어 있어요. 외국에서는 3개월 이상 야간 노동을 지속하지 못하게 하는 경우도 있고요. 대리운전은 몇 년이 지나도 야간 노동만 하거든요. 10년쯤 하면 신체 리듬이 바뀌어서 잠을 잘 못 자게 됩니다. 저도 10년 넘게 했는데요. 몸이 전반적으로 안 좋아져요. 10년 지나면 비타민이 부족해져서 그런지 이가 쑥쑥 빠져요.

대부분 플랫폼 노동자들은 절박한 상태로 플랫폼 노동시장에 들어오거든요. 그런데 사회안전망도 없잖아요. 버틸 수 있을 때가지 최대한 버티다가 어느 순간 무너지면 완전히 삶의 벼랑 끝으로 떨어지는 거죠. 그래서 플랫폼 노동자들에게도 건강권을 보장하고 사회안전망을 만들어 주는 것이 정말 중요합니다.

그리고 수수료 문제가 있습니다. 최근에 대리운전 업체들이 카카오를 향해 독점이니 골목상권 침해니 하며 항의하는데요. 사실 우리 입장에서는 기존 대리운전 업체들이 골목 깡패처럼 보여요. 대리 기사가 콜을 받을 때 수입의 20% 이상을 수수료로 내거든요. 심하면 40~50%도 내고요. 손님이 저한테 1만 원을 주면 업체가 2,000원을 가져가는 거죠. (청중 탄식)

또 프로그램비라는 이름으로 일하는 데 당연히 써야 하는 시스템에 대한 비용까지 받아 가요. 쿠팡에도 사람을 채용하는 앱 같은 시스템이 있잖아요?

정 쿠펀치 앱을 말씀하시는 거죠?

안 PDA 기기도 해당될 것 같은데요. 쿠팡은 앱이나 PDA 사용료를 받지는 않잖아요.

정 받지 않죠. 그게 없으면 일을 못 하니까요.

김 그런데 대리운전 업체는 받습니다. 프로그램 사용비를 적으면 30%, 많으면 50%까지 기존 업체들이 떼어 갔어요. 업체들이 벼룩의 간을 빼먹고 있었던 거죠. 조그만 배달 업체도 그렇고 퀵서비스 업체도 그렇습니다. 퀵서비스도 수수료로 기본 20%를 업체가 가져가는 시스템이거든요.

중요한 지점을 말씀드릴게요. 직업안정법 조항에 따르면 고용을 알선할 경우 수수료는 10%를 넘길 수 없습니다. 그런 조항을 비켜 가려고 대리 기사 같은 특수고용직을 만든 거예요. 특수고용이라는 형태를 취하니까 수수료를 20%, 30% 챙길 수 있는 겁니다.

오 배달 노동자 보험료 얘기도 좀 해 주시죠. 현안 아닌가요?

박 배달도 비슷해요. 일종의 입장료가 있어요. 플랫폼 정거장에 들어가는 입장료인 셈이죠. 만약 배달 노동자가 직고용이면 고용주가 오토바이를 주고 오토바이 보험도 가입해 줘야 하거든요. 만약 노동자가 배달하다가 사람을 치기라도 하면 상대의 치료비 혹은 재산상의 손해에 대해 보상을 해 줘야 되는데, 그걸 라이더 개인이 보상하려면 가정 경제가 완전히 무너지기 때문에 보험은 반드시 필요합니다. 그런데 플랫폼 배달대행을 하면 오토바이 값과 보험료를 라이더가 내야 돼요. 이걸 유상운송보험이라고 하는데, 20대들은 보험료가 연간 800만 원 정도 되거든요. 그래서 매달 마이너스 60~70만 원을 떠안고 일을 시작하는 거죠.

사실 보험 회사는 위험의 가격을 매기는 곳이잖아요. 예전처럼 중국집 같은 곳에서 고용주가 라이더를 직접 고용해서 배달을 시킬 때 가입하는 보험이 무상운송보험인데, 배달료가 연간 150만 원 정도 됩니다. 즉 보험 회사들은 고용형태별로 볼 때 배달대행 소속 라이더들의 위험도가 6~7배 크다고 보는 겁니다. 보험료는 플랫폼 기업이 비용을 크게 절감하는 영역이라고 보시면 될 것 같아요. 플랫폼 기업이 내야 하는 보험료를 라이더에게 전가하는 셈이죠.

오 너무 비합리적이어서 지금 청중들이 황당해하고 있어요. 대리운전 기사도 보험료를 업체별로 다 내야 합니다. 배달도 보통 한 군데가 아니라 두세 군데 가입해서 일하지만, 대리운전은 업체 수가 훨씬 많아서 입장료를 여기저기 다 내야 하는 그런 상황입니다.

김 예를 들어 LG전자 직원이 우리 집에서 뭘 설치하다가 화분을 깨뜨렸다고 합시다. 그러면 LG전자가 처리를 하잖아요. 회사가 공사하다가 도로를 망가뜨리면 그 회사가 책임지고 고쳐야 하는 거고요. 이렇게 당연히 기업이 리스크를 부담해야 하는 건데, 그걸 노동자 개개인에게 이전해 놓았습니다. 노동자가 배달하다가 사고가 나면 원래는 회사가 사고 책임을 져야 하는데 노동자한테 떠넘기는 거예요. 사고 나면 개개인이 감당을 못하니까 그걸 보험 형태로 대응하고 있는데, 그 보험료도 노동자들이 내라는 거죠.

방청객1 대리운전 기사는 길이라는 특수한 환경에서 일하는데 아무런 교통수단이 없을 때는 어떻게 되는 건가요? 만약 밤에 서울에서 분당으로 갔는데, 분당에서 서울로 오는 콜이 안 잡힐 수도 있잖아요. 복귀하는 수단이 없을 때는 회사가 책임을 져 주나요?

김 그런 걸 챙기는 업체들이라면 우리한테 보험료를 부과하지 않겠죠.

방청객1 그러면 진짜로 분당에서 서울 가는 콜이 전혀 없을 때는, 첫차를 타고 가야 되나요? 택시를 타거나?

김 그렇죠. 잘 모르는 기사들은 서울에서 용인 어디까지 5~6만 원이라고 하면 좋다고 콜을 잡아 버립니다. 그런데 막상 가 보면 산꼭대기 펜션인 거죠. 새벽 3시고요. 고객이 도움을 주면 대책을 마련할 수도 있을 텐데, 그렇지 못할 때는 거기서부터 2시간 동안 산을 내려오기도 해요. 그런데 산 밑에서 첫차가 7시쯤 출발해요. 이런 경우에 대해 업체 차원의 대책은 전혀 없습니다.

돈을 많이 벌고 적고 버는 걸 떠나서 최소한 일을 하면 사람들이 돌아갈 수 있는 시스템을 만들어야 하는데, 플랫폼 노동과 특수고용의 특징이 바로 그런 책임을 기업이 안 지려고 한다는 거예요.

안 그냥 개개인이 알아서 하라는 거네요.

김 영국은 대리운전 기사들이 자전거를 가지고 다녀요. 그래서 대리운전 최대 거리를 자전거를 타고 복귀할 수 있는 거리까지로 정해 놓아요. 일본은 대리운전을 부르면 차 한 대가 같이 가요. 같이 가서 태워서 오는 거죠. 확실히 복귀를 책임집니다. 최소한의 상식이라고 생각해요. 그런데 한국은 그런 게 없죠.

방청객1 수수료를 떼는 만큼 회사가 어느 정도 좀 책임을 져서, 택시를 타게 되면 택시비를 부담해 준다든가 그런 게 있어야 할 텐데……. 수수료만 떼어 가면서 쉽게 돈을 벌려고 하는 느낌이에요.

플랫폼 노동의 '자율성'을 어떻게 볼 것인가

방청객3 저는 조금 다른 측면에서 궁금한 게 있습니다. 개인적으로 쿠팡플렉서 하시는 분들의 이야기를 많이 들어 볼 기회가 있었는데요……. 우선 플랫폼에서 노동자들을 통제하는 방식에 정보 비대칭이 있는 것 같더라고요. 쿠팡플렉서가 되려면 처음에 정보 수집에 대한 동의를 해야 앱을 이용할 수 있거든요. 그리고 단가나 평점 같은 것이 어떻게 될지 모르는 상태에서 일을 하게 됩니다. 그날그날의 단가만 나와요.

그리고 쿠팡플렉스에서 홍보하는 것과 달리 정말 원하는 날에 일할 수는 없는 것 같더라고요. 하지만 전업으로 배송 일을 하시는 분들 중에는 그동안 다른 조직에서 했던 부정적인 경험들 때문에 오히려 긱 노동에 긍정적인 감정을 가지고 있는 분들도 있더라고요. 지금 고용시장이 워낙 안 좋다 보니까 코로나19 때문에 오신 분도 있고 하던 일을 그만두고 오신 분도 있는데, 이분들 입장에서는 어쨌든 이게 내 생활을 유지시켜 준다는 거예요. 이런 반응들은 어떻게 봐야 할까요?

김 음……, 어려운 문제입니다. 플랫폼 노동자들에게 이렇게 힘든데 왜 플랫폼 노동을 하느냐고 물으면 대부분 선택의 자유가 있어서라고 대답해요. 문제는 선택의 자유는 있는데 노동 조건은 전반적으로 열악하다는 거예요. 반대로 플랫폼 노동자가 아닌 정규직 노동자들은 생활 수준은 높은데 만족도는 떨어져요. 예를 들면 실제로 산재보험 혜택을 받는 노동자는 전체의 3%가 안 됩니다. 산재보험 가입은 되어 있지만 실제로 사고를 당하지 않았거나 아프더라도 산재 신청을 안 했기 때문에 잘 모르는 거죠. 그냥 보험료만 내고 있다고 생각해요. 그러니 플랫폼 노동으로 옮겨 오면 산재보험 가입이 안 된다는 점을 쉽게 생각할 수도 있지요. 고용보험도 비슷하고요.

초기에는 다 좋다고 해요. 대리운전 시작한 사람들은 처음 1년 정도는 신이 납니다. 매일 출근 안 해도 되고요. 동료 대리 기사들 만나서 어울리기도 하고요. 새로운 세상 만난 것 같다가 1년, 2년 지나면 '내가 이걸 왜 시작했나.' 해요. 기본적인 생활 보장이 안 되니까요.

플랫폼 노동자들이 자율성을 누리는 면은 분명히 있어요. 그걸 부정적으로만 바라볼 필요는 없지만, 지금은 그 자율성을 위해 많은 걸 희생해야 하는 게 현실입니다.

방청객 3 또 하나 궁금한 점이 있어요. 쿠팡플렉서처럼 플랫폼에서 그때그때 일거리를 찾아서 일하시는 분들은 대체로 '개인의 선택'을 중시하는 것 같거든요. 쿠팡 물류센터 노동자 사망 소식에 대해 어떻게 생각하느냐고 물어보면 그분들은 '굉장히 안타까운 사건이기는 하지만 개인의 선택이니까 각자가 짊어질 수밖에 없다'는 식으로 대답하시더라고요. 이런 걸 '노동자들이 보수화되고 있다'고 해석할 수 있을까요?

박 사실은……, 노동자들이 어떤 측면에서 보수화되는 건 당연한 거고 역사 속에서 늘 있었던 일이기도 합니다. 노동조합 조직률이 양대 노총을 합쳐도 10%거든요. 노동자 10명 중 9명은 노동조합에 가입하지 않은 거잖아요. 심지어 노동조합 조합원들도 보수적인 면은 있고요. 그러니까 그게 플랫폼 노동의 특징이라기보다는 사회 전반의 분위기라고 보는 게 더 정확할 것 같아요.

안 한국 사회가 학교에서 청소년기부터 노동권 교육을 잘하는 것도 아니고, 언론에서 날마다 노동권에 대해 보도하는 것도 아니니까요. 개개인에게 물어본다면 정말 다양한 답변이 나오겠지요. 아까 말씀하신 것처럼 전 직장이 너무나 괴로웠는데 쿠팡플렉스로 옮긴 경우는 상대적으로 홀가분하다고 느낄 수도 있겠다 싶어요.

오 그런데 그 전 직장이 괴롭다는 게 대다수의 현실일 거예요. 한국의 자영업 비율이 높은 이유 중 하나가, 다른 사람 밑에서 일해 본 경험이 있는 사람들은 다시 다른 사람 밑으로 들어가서 일하고 싶지 않다는 감정이 굉장히 커요. 그러니까 작업장 민주화라고 하는 과제를 같이 해결하지 않으면 아마 이런 이야기는 계속 나올 겁니다. 직장에 민주주의란 게 없다시피 하니까요.

김 그 반대 경우도 있을 것 같아요. 노동자가 선택권을 누리기 위해 노동 조건을 희생시켜야 하는 게 아니라, 노동자가 일정한 노동 조건을 보장받으면서 선택할 자유를 누리는 겁니다. 북유럽 국가들이 이야기하는 '노동 유연성'은 사실 그런 거 아닌가요? 노동을 적게 하고 싶은 사람도 있잖아요. 북유럽의 경우 그런 사람들이 시간제로 일할 때 임금의 차이는 있지만 큰 차별이나 생계의 위협은 받지 않는 걸로 알고 있어요. 북유럽에서 임금을 1,000만 원 받으면 70%가 세금이고 실제로 받는 액수가 300만 원쯤 됩니다. 그러면 800만 원을 받으나 1000만 원을 받으나 큰 차이가 안 날 테니까, 차라리 일을 적게 하는 게 낫다고 생각할 수도 있지요. 호주의 경우에도 기간제 노동자들한테 임금 할증을 해 줍니다. 왜냐하면 기간제 노동자들은 고용에 대한 리스크가 있으니까요. 그러면 선택의 자유가 노동 조건을 희생해야만 얻을 수 있는 게 아니게 되는 거죠. 이렇게 좋은 조합이 되려면 최소한의 노동 조건이 확보되어야 합니다.

노동 조건이 실시간으로 변한다

안 아까 쿠팡플렉스 배송 단가가 계속 변동한다라는 이야기를 하셨잖아요. 제가 알아본 내용에 따르면 이런 식이에요. 플렉서들이 등록하고 물류센터에 가서 배송 물건을 받아 옵니다. 그래서 자기 차로 알아서 배송을 하는 건데요. 배송 단가가 진짜로 매일 바뀌더라고요. 예를 들면 어제 상자 1개에 1,550원이었는데 오늘 갔더니 1개에 1,450원으로 떨어져 있는 거예요. 단가는 쿠팡이 일방적으로 정하는 거고, 그 이유는 아무도 모릅니다. 이런 가격 변동이 배달 쪽도 마찬가지지요?

박 네. 배달료를 나누는 방식이 계속 바뀌었지요. 처음에는 거리에 비례하는 요금이 정해져 있었다가, 매일 배달료가 바뀌다가 시간대별로 바뀌기 시작했고요. 지금은 초마다 바뀌고, 또 지역별로 쪼개집니다.

쿠팡이츠를 예로 들어 볼게요. 지금 우리가 대화(좌담회)를 하고 있는 이곳은 서대문입니다. 서대문 1, 2, 3 중에 아마 1일 거예요. 서대문이면 배달료가 하나로 정해진 게 아니라, 서대문구 안에서도 구역을 나눠서 그 구역마다 배달료가 초 단위로 바뀌는 겁니다. 여기서 조금 이동하면 마포입니다. 마포 2로 넘어갈 수 있어요. 그래서 '마포 2' 구역 배달료가 7,000원이라고 떠서 라이더가 마포에서 대기하고 있었는데, 몇 미터 안 떨어진 신촌에서는 3,000원이라면 알고리즘이 마포 2 배달료를 3,000원으로 갑자기 바꾸기도 합니다. 그러면 마포에 있는 사람들이 다시 3,000원을 받고 배달을 하게 됩니다. 이렇게 지역을 쪼개는 방식으로 배달료를 계속 바꾸면서 라이더들의 출퇴근을 조정해요.

높은 금액으로 라이더들을 로그인시킨 다음, 실제로 도로에 배달 인력이 많아지면 낮은 금액으로 배달을 시키는 방식이죠.

안 비 올 때나 주말 같은 때는 또 요금이 달라지고요?

박 네. 비가 오거나 날씨에 따라서도 변하는데, 이것도 기업들은 알고리즘으로 했다고 얘기를 하죠. 수요 공급의 법칙이라는 주장인데요. 이게 수요 공급에 의해서 만들어졌다고 하려면 노동시장이 완전 경쟁 시장이어야 합니다. 그런데 플랫폼 노동시장은 완전 경쟁 시장이 아니에요.

플랫폼에 들어간 사람들을 상대로 플랫폼이 정한 알고리즘에 따라서 수요 공급이 정해지기 때문에 '보이는 손'이 작동하고 있는 거예요. 그런데 플랫폼 기업들은 보이지 않는 손이라고 주장해요. 알고리즘이 정하기 때문에 구체적인 건 자기들도 모른다는 거죠. 그러나 실제로는 사람이 변수 같은 것들을 입력하고 조정하잖아요. 플랫폼 세계 안에서 '보이는 손'으로 조정하는 겁니다.

안 기업 입장에서 영업 이익에 절대적으로 중요한 게 가격일 텐데, 그 가격을 그냥 '알고리즘이 정한다'고 하면 사실 믿기지 않아요.

오 뻥이죠. 가격은 기업이 정합니다.

김 대리운전 같은 경우는 피크 시간이 보통 밤 12시거든요. 코로나19가 발생하기 전까지는 그랬어요. 12시에는 콜이 엄청나게 몰리니까 대리 기사들이 많이 필요해요. 만약에 피크 시간에 1만 명이 필요하다고 해 봅시다. 피크 시간을 기준으로 1만 명을 모아 놓으면 피크 시간이 아닐 때 그 사람들이 일을 하지 못합니다. 그래서 한 3,000명 정도만 모아 놓습니다. 피크 시간에는 고객들이 경쟁하게 됩니다. '내가 얼마 더 줄 테니까 먼저 갑시다.' 이렇게요. 여기서 강남까지 원래 요금이 2만 원이었다면 12시에는 2만 원 부르는 사람은 대리 기사를 만나기가 어렵습니다. 3만 원 내는 고객이 먼저 가죠. 2만 원만 내려는 고객은 뒤늦게 갑니다. 그러니까 피크 시간에는 고객의 시간을 희생시키는 셈이죠.

일이 별로 없는 시간을 스윙 타임이라고 하는데, 스윙 타임이 되면 여기서 강남까지 1만 5,000원도 올라오고 1만 원도 올라옵니다. 어차피 한 번이라도 더 일해야 먹고사니까, 대리 기사들은 이 시간대에는 말이 안 되는 가격이라도 콜을 잡습니다. 이때는 노동자가 자기 생존을 위해 시장 가격을 포기하게 하는 거예요.

이런 식으로 플랫폼 기업은 노동자들과 고객들을 번갈아 희생시키면서 돈벌이를 합니다. 결국 이윤을 추구하면서 AI가 한다고 해요. AI가 하든 알고리즘이 하든 결국 사람이 조정하는 겁니다.

안 일반 기업이라면 3,000명이든 5,000명이든 정식 채용을 해서 최소한의 생존이 가능한 급여를 주면서 일을 시켜야 할 텐데, 플랫폼이나 특수고용으로 그런 의무를 피해 가는 거군요.

오 박 위원장님, 배달 플랫폼 기업들이 AI 알고리즘을 만들 때 어떤 변수들을 넣을까요?

박 기업들이 대외적으로 이야기하는 건 수요와 공급이에요. 실시간 주문량과 실시간 로그인 숫자라고 하는데요. 이게 바로 정보 비대칭이겠죠. 사실 저희는 알 수가 없으니까요.

그런데 사실 주문량은 기업들이 쿠폰으로 조절할 수가 있어요. 쿠폰 양에 따라서 주문량을 늘리거나 줄이는 방식인데, 소비자 주문의 경우는 개입에 한계가 있긴 합니다. 반면 노동력을 로그인시키는 건 기업이 쉽게 할 수 있고 기업에 손해가 되는 일이 아니거든요. 앞서 대리운전에서 말씀하셨다시피, 콜을 배정받지 못하는 실업 상태에 대해 회사가 책임지지 않으니까요.

이렇게 생각해 보시죠. AI가 일감을 배정했을 때 라이더가 그 일을 수행할지 말지에 관해 순간적인 계약을 맺는다고 보면 되는데, 45초 내에 그 결정을 해야 합니다. '배달료 4,000원인데 갈래? 거리는 1.5km야.' 그런데 이걸 거절했을 때 다음 콜이 올지 안 올지는 알 수 없습니다. 수락을 하면 고용 상태인 거고 거절하면 그 순간부터 실업 상태가 되는데, 나중에 또 고용될 수 있는지 여부를 알 수가 없어요. 고용과 실업이 초 단위로 반복된다고 보시면 되고요. 이걸 '자율'이라고 많이들 말씀하시는데, 플랫폼 노동자들한테 이건 '해고'입니다.

김 일단 로그인을 많이 시키는 시스템이죠?

박 네. 기업 입장에서는 노동력을 많이 축적할수록 유리하기 때문에 피크 시간에 순간적으로 배달료를 높게 책정해서 라이더들이 많이 로그인하게 만들지요. 사실 라이더들도 오토바이 시동 걸고 배달을 시작하는 게 간단하진 않거든요. 큰맘 먹고 나가요.

일단 라이더들이 많이 나와서 로그인을 하면, 기업 입장에서는 낮은 가격으로 꾸준하게 노동력을 활용할 수 있는 시스템이 만들어지는 겁니다. 그런데 그걸 다 AI한테 맡기느냐? 그렇지 않겠죠. 총예산 중에 인건비 예산 총액이 정해져 있을 거고요, AI가 눈치 없이 배달료를 너무 많이 주면 사람이 개입해서 배달료를 낮추겠죠. 어쨌든 확실히 사람의 개입이 있는 상태에서 시스템이 운영된다고 생각합니다.

안 일감을 거절했을 때 어떤 불이익이 있는지, 몇 번 거절해야 불이익이 있는지를 알 수 없다고 하셨잖아요. 만약에 그 부분을 알 수 있게 된다면 합리적인 시스템이 되는 건가요?

박 그건 노동시장 안에서의 인사 고과와 비슷하다고 보시면 될 것 같아요. 그걸 알려 주면 라이더들도 전략적으로 대응하겠죠. 그래서 회사가 절대로 알려 줄 리가 없어요. 예를 들면 라이더들이 어뷰징 같은 것으로 대응할지도 모릅니다. 휴대폰을 2개 쓴다든지, 타인 명의 휴대폰을 쓴다든지 해서 콜을 여러 개 받을 수 있도록 하는 방법도 있어요. 아니면 자전거로는 단거리 배달을 배정받을 수 있기 때문에 자전거로 등록하고 실제로는 오토바이로 간다든가. 사실 이런 것들은 동료 라이더들 사이에서도 지지를 받지는 못하는데, AI 시스템 내에서 인간이 저항할 수 있는 방법이라고 볼 수는 있겠죠.

김 우리 대리 기사들은 아예 2번 이상 거부하면 일을 못하게 합니다. 대놓고 선택권을 제한하죠. 카카오 같은 경우는 2번 이상 콜을 거부하면 그날은 콜을 못 보게 해요.

오 블랙리스트 비슷한 건데 쿠팡도 비슷한 게 있지 않나요?

정 그것에 대해 쿠팡은 다 모른다고 하죠. 우선 고용구조를 한번 설명해 드려야 될 것 같아요. 쿠팡에서 일하면 근로기준법 적용받고 그렇다니까 좋아 보일 수도 있는데, 사실 쿠팡이 검은 머리 외국인들의 회사잖아요. 굉장히 유연합니다.

보통 현행 비정규직보호법에서는 24개월 일하면 무기계약으로 전환을 시켜 줘야 해요. 그런데 쿠팡은 그걸 쪼개기를 합니다. 처음에 계약직으로 입사하면 3개월 계약서를 써요. 3개월이 지나면 그다음에는 9개월짜리 계약서를 씁니다. 자기가 거부하지 않는 이상 99%는 3개월에서 9개월로 넘어가는 것 같아요. 이런 게 언론에서는 잘 다뤄지지 않는데요. 9개월까지 채우고 나면 탈락률이 높아지는 것 같아요. 재계약이 안 되는 사람도 있고요. 다음에는 12개월 계약으로 넘어갑니다. 이렇게 하면 딱 2년이 되잖아요. 그다음이 무기계약인데 노동 조건이 달라지는 건 없는 것 같아요. 딱 하나, 고용 보장이 된다, 계속 일을 할 수 있다는 거고요. 이렇게 12개월 계약에서 무기계약으로 넘어가는 시점에 탈락률이 굉장히 높아요. 그래서 사람들이 계속 바뀌어요. 그런데 무기계약직이 된다고 해서 급여가 올라가거나 그런 것도 없고, 무기계약직도 근속 연수 상관없이 거의 최저 임금 수준이에요.

방금 나왔던 블랙리스트 이야기로 넘어가자면, 마켓컬리의 블랙리스트가 쿠팡에는 없다는 게 쿠팡의 공식 입장이죠. 그런데 블랙리스트가 없더라도 탈락자들이 계속 생긴다는 겁니다. 그러면

쿠팡의 쪼개기 계약구조

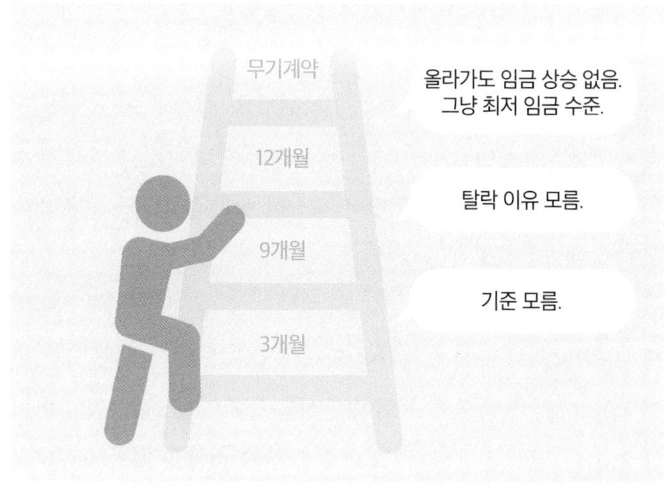

평가의 기준이 뭐냐, 재계약이 안 된 사람들은 왜 안 된 거냐, 그걸 전혀 알려 주지 않아요. 쪼개기 계약이 아니라 고용 보장을 해 줘야 하는 거 아니냐고 노동조합에서는 계속 이야기하고 있습니다.

안 그럼, 3개월 계약한 노동자라고 치면, 3개월 후에 회사가 9개월 계약을 제안할지 안 할지를 전혀 모르는 건가요?

정 그렇죠. 계약 기간 끝날 때쯤 되면 문자가 와요. '재계약할 거니까 언제까지 와라.' 그리고 탈락하는 사람에게는 '고생하셨다. 어쩌고저쩌고…….' 하는 문자를 보냅니다. 이걸 저희는 해고라고 얘기하는데 회사 입장에서는 그냥 재계약을 안 하는 거죠. 그러니까 아까 얘기하신 것과 같이 쿠팡이 나쁜 기업일 수 있지만 위법은 아니에요. 정말 교묘하게 법의 맹점을 활용하는 거죠.

쿠팡 노동자들이 근로기준법을 적용받는다고 하지만, 유연한 노동력 활용 같은 것들은 다른 플랫폼 기업들이랑 비슷한 것 같아요. 일하는 사람들이 매일같이 바뀌고요. 실제로 현장에는 '어차피 거쳐 갈 곳이다.', '여기가 평생 직장이냐.'라고 이야기하시는 분들이 많아요. 노동 조건이 굉장히 불안정하니까요. 저희는 쪼개기 계약이라고 부릅니다.

오 지금 말씀하신 게 재계약이 되느냐 안 되느냐, 도대체 그 기준이 뭐냐 이런 건데요. 노동법에는 취업 규칙이 있죠. 그러니까 어떤 경우에 해고를 할 수 있고 어떤 경우에 계약을 계속 갱신하는지 등을 취업 규칙으로 공개하도록 돼 있어요. 노조가 있는 사업장에는 단체 협약이 있어야 하고, 30인 이상 사업장에는 노사협의회가 반드시 있어야 해요.

마켓컬리에서 블랙리스트 논란이 있어서 저희 노동문제연구소 해방에서 고발도 하고 그랬는데, 그건 <경향신문> 기사를 보고 연락해서 찾아낸 사건이었어요. 쿠팡에도 블랙리스트는 반드시 있다고 생각합니다.

블랙리스트 작성이 위법인 이유

근로기준법 40조에 따르면 "근로자의 취업을 방해할 목적으로 비밀 기호 또는 명부를 작성하거나 통신을 하여서는 안 된다." 이를 위반할 경우 "5년 이하 징역 또는 5,000만 원 이하 벌금"이라는 기준이 정해져 있다.

안 쿠팡에도 블랙리스트는 반드시 있다고 단언하셨는데요.

오 저희들이 마켓컬리에서 찾아낸 것과 같은 블랙리스트가 쿠팡에도 반드시 있을 거라고 말하는 이유를 말씀드릴게요. 채용대행사가 5개 있어요. 옛날에는 사내 하청·간접 고용처럼 용역 업체를 통해 용역을 썼는데 배송 인력이 많이 필요하니까 이제 마켓컬리가 직접 모으지 않고 채용대행사 다섯 군데를 이용합니다. 사람은 이 채용대행사들이 모아 주고 근로계약은 마켓컬리와 체결하죠. 쿠팡도 마찬가지고요. 그런데 이 5개 업체가 다 쿠팡의 인력 채용대행도 하고 있어요. 당연히 블랙리스트를 공유하지 않았을까요? 안 했을 리가 없어요. 마켓컬리에서 '블랙'으로 찍힌 사람을 쿠팡에 소개했겠어요? 그럴 리가 없습니다. 블랙리스트는 반드시 있고요. (청중 탄식)

또 마켓컬리를 고발하는 과정에서 취업 규칙을 달라고 했어요. 당연히 안 주죠. 그래서 국회를 통해서 받았는데, 이 취업 규칙을 보고 놀랐어요. 그냥 정규직 취업 규칙이었거든요. 일용직이 그렇게 많으면 일당은 최소한 얼마인지, 그리고 일정 기간 이상 근무할 때의 주차·월차·연차, 1년 경과 후 퇴직금 계산법 등이 명시되어 있어야 하는데, 없어요! 그냥 근로기준법에 있는 내용들을 그대로 적어 넣은, 즉 정규직을 염두에 둔 취업 규칙인 거죠. 그래서 일용직에 해당하는 취업 규칙이 없냐고 물었더니 없대요. 일용직, 계약직을 80~90% 사용하는 마켓컬리라는 사업장에 취업 규칙은 정규직을 위한 것만 있습니다. 그러니까 일용직은 어떤 경우에 해고하고 어떤 경우에 징계를 한다는 규칙 자체가 없는 거죠. 30인 이상 사업장은 노사협의회를 만들어야 하는데 일용직이 대부분인 경우 일용직들이 선거를 했나? 선거했다는 기록이 있는데 일용직 출신의 노사협의 의견이 없어요. 이거 불법 아닌가? 근로기준법상 불법이 아닙니다. 그러니까 일용직을 위해서는 근로기준법이 작동하지 않아요. 마켓컬리와 같은 방식으로 다수의 일용직을 쓰면 근로기준법을 회피할 수 있는 거죠. 그런데 배달이나 대리운전에서 이 기능을 하는 게 바로 알고리즘입니다.

안 이렇게 해서 알고리즘 이야기로 다시 넘어가네요.

오 제가 알고리즘에 관해 알아보려고 파이썬을 배워 봤어요. 그런데 파이썬을 배우는 것과 알고리즘을 이해하는 건 아무런 상관이 없다는 걸 알게 됐습니다.

안 반전이에요. (청중 웃음)

알고리즘 공개를 요구하는 이유

오 제가 파이썬을 배워서 얻은 게 그겁니다. '이게 알고리즘과 아무 상관이 없구나.' 알고리즘을 공개하라고 하면 플랫폼 기업들은 다 그러죠. '코딩을 전부 다 공개하라는 얘기냐.', '영업 기밀이다.' 코딩을 공개해 봐야 암호일 뿐이에요. 코딩을 잘 모르는 사람은 알아볼 수도 없으니 쓸모도 없고요. 그걸 공개하라는 게 아니라 앞서 박정훈 위원장님이 말씀하신 '변수'가 중요합니다. 코딩하면서 AI를 학습시키잖아요. 이를테면 음식점에 내가 배달을 시켰는데 음식점과 나 사이에 라이더가 한 10명 있어요. 그 10명

대규모 일용직 사용해 노동법 회피하는 e-커머스 물류창고

사업체 이름 (매년 3월말 기준 고용형태공시 내용)		소속 근로자 수			소속 외 근로자 수	업종
		합계 (단시간)	기간 없음 (단시간)	기간제 (단시간)		
주식회사컬리	2020년	413 (2)	314 (2)	99 (0)	1,832	도매 및 소매업
	2021년	1,596 (0)	619 (0)	977 (0)	1	
쿠팡주식회사	2020년	11,470 (77)	4,960 (0)	6,510 (77)	6,609	도매 및 소매업
	2021년	23,659 (346)	7,733 (12)	15,926 (334)	6,902	
쿠팡풀필먼스 서비스유한회사	2020년	12,578 (174)	1,948 (0)	10,630 (174)	5	운수 및 창고업
	2021년	27,882 (1,284)	5,806 (40)	22,076 (1,244)	2,447	

중 누구에게 일을 배정하느냐에 관한 기준이 있겠죠. 처음 생각하면 음식점과의 거리가 가장 가까운 라이더를 선택할 것 같은데 꼭 그런 건 아니에요. 조리 시간이 있기 때문에 어차피 가서 기다려야 하는 거라면 적정 거리에 있는 라이더를 찾을 가능성도 있어요. 또 돌아서 가는 거리냐 직선거리냐, 아니면 실제 내비게이션을 통해서 나타나는 거리냐 하는 기준이 있고요. 또 하나는 아까 이야기 중에 나왔던 충성도입니다. 라이더의 콜 거부율이 얼마냐에 따르는 것이죠. 이처럼 여러 가지 변수를 적용하는데, 이 변수들이 다 동일한 무게를 지니진 않겠죠. 거리가 가장 중요하면 거리의 비중을 높여 보고, 또 콜 충성도의 비중은 얼마로 하고,

이걸 몇 번 왔다 갔다 하면서 계속 돌려 봅니다.

게임을 만드는 경우 그걸 시뮬레이션이라고 부르는데, 이건 시뮬레이션이 아니라 실제 상황이거든요. 그런데 그냥 돌려 봐요. 라이더에게 적용을 시켜 본다는 겁니다. 앱을 만드는 사람들은 라이더를 유저가 아니라 리소스라고 생각한다고 아까 말씀드렸잖아요? 알고리즘을 그냥 돌려 보면서 어떤 솔루션을 찾는 겁니다. 어떤 솔루션을 찾겠어요? 여기서 답은 정해져 있어요. 플랫폼 기업에게 얼마나 많은 이윤을 가져다주느냐, 여기에 가장 적합한 솔루션을 찾는 거죠.

알고리즘을 공개하면 이 사실이 드러나게 됩니다. 즉 소비자의 편익을 위해서 알고리즘이 작동하느냐 아니면 라이더나 운전하는 사람의 안전을 위해서 작동하느냐, 둘 다 아니라는 거죠. 플랫폼 기업이 얼마나 단위 시간당 돈을 많이 벌 수 있는지, 그리고 플랫폼 기업이 단위 시간당 플랫폼에 묶어 둬야 될 사람들을 얼마나 더 많이 모집할 수 있는지. 이게 플랫폼 기업이 알고리즘을 통해 구현하고자 하는 최고의 목표라는 겁니다.

안 그걸 공개하는 나라는 어디 어디가 있나요?

오 스페인 라이더법은 이런 내용을 알고 만든 거 같아요. 이 법에는 알고리즘을 노동조합에 제공할 때 노동 조건에 영향을 미치는 알고리즘 및 매개 변수를 공개하라고 되어 있어요. 그러니까 코딩 내용을 공개하라는 게 아니라 방금 말씀드린 그 내용을 공개하라는 거죠.

플랫폼 회사가 그걸 절대 공개하지 않는 이유는 그걸 공개하는 순간 '소비자를 위해서 움직입니다.', '고객에게 제일 먼저.', 그리고 '우리는 일하는 사람들에게 유연한 시간을 보장합니다.' 이런 말에 대한 신뢰가 다 깨지고 돈 벌려고 혈안이 된 기업이라는 게 드러나기 때문이에요.

이게 뭐하고 똑같은지 볼까요? 예전에 일반 기업에 회계 장부를 공개하라고 하면 다들 '매출 전표를 다 공개하라는 거냐.' '영업 기밀이다.'라고 발뺌을 했죠. 그런데 회계 원리에 따라 일정 요건이 되는 기업들은 재무제표를 반드시 공개하게 돼 있잖아요? 그런데 재무제표 공개로 비밀이 다 드러나나요? 아니죠. 수많은 회계 기법으로 다 숨겨 놓거든요. 하여튼 매출액이 나오고 영업이익률이 나오니까 대략은 파악할 수 있어요. 그걸 열심히 들여다보면 '거짓말을 하는구나, 숫자를 숨겨 놨구나.' 정도는 알아낼 수 있습니다. 최소한 그 정도의 규칙은 만들어 놓고 시작하자는 겁니다.

박 알고리즘을 공개하라는 법을 만들어도 기업들은 전부를 공개하지 않아요. 숨겨 놓을 거예요.

오 그렇죠. 숨겨 놓겠죠. 그런데 지금은 그 재무제표 자체를 공개하지 않겠다는 겁니다. 알고리즘을 공개하고 나면 그 단계부터 다시 싸움이 시작되거든요. 소비자의 편익을 위해서 작동하는 것처럼 보이지만 결국은 그들의 이윤을 위해서 움직이는 알고리즘이었다, 그걸 밝혀내기 위한 싸움이 시작될 테니까 공개 단계부터 틀어막는 거죠.

알고리즘은 시간에 따라 자동으로 변동하는 것처럼 보이지만,

아까 말씀하신 대로 사람이 개입하게 돼 있거든요. 배민만 있는 시장이라면 알고리즘만으로 통제할 수도 있겠지만, 어느 날 쿠팡이츠가 시장에 들어왔다고 하면 또 변수가 달라지죠. 사람도 계속 바뀌고요. 그리고 쿠팡이츠가 어느 날 갑자기 프로모션을 해서 배민을 골탕 먹였다고 하면, 며칠 후에는 배민이 또 프로모션을 하거든요. 이걸 AI가 다 하겠어요? 사람이 하지. 다 그렇게 움직이기 때문에 저는 AI를 이렇게 규정하고 싶어요. 이윤지향형 실시간 변동 취업 규칙이다.

배달 플랫폼의 일감 배정 알고리즘은 어떻게 작동할까?

$$a_0x+a_1y+a_2z \cdots\cdots$$

- 통상 다상식에서 x, y, z를 '변수' a_0, a_1, a_2를 '계수'라 부름
- 알고리즘에선 이를 '입력(Argument)'과 '매개 변수(Patameter)'라 칭함

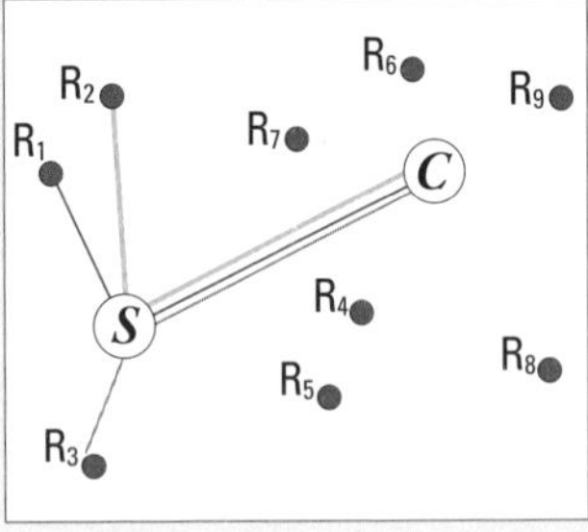

배달 플랫폼을 예로 들어 설명하자면, 고객(C)이 어느 음식점(S)에 주문을 넣으면 배달 플랫폼은 인근에 위치한 9명의 라이더에게 무엇을 기준으로 일감을 배정할까?

- 음식점까지의 직선거리? 실제 거리?
- 조리 시간 고려한 적정 거리?
- 음식점 돌아 고객까지 도달하는 시간?
- 콜 거부를 고려한 평점(충성도)?

- **통상 플랫폼은 AI를 통해 다양한 매개 변수와 계수를 적용해 학습(딥 러닝) 과정을 거쳐 최적 대안 찾아냄**
- **이 과정에서 어떤 매개 변수를 사용하는지, 거기에 어떤 계수(또는 Weight)를 적용해 완성하는지 공개하란 것**

안 '이윤지향형'이란 무엇인가요?

오 알고리즘이 소비자 편익이나 라이더의 소득 또는 안전을 위해서가 아니라 오로지 플랫폼 기업의 이윤을 위해 작동한다는 거죠.

안 '실시간 변동'은 쉽게 이해가 되네요.

오 네. 배달 노동자의 입장에서 가격(임금)이나 패널티(불이익), 평점이 분초 단위로 바뀌니까요.

물류는 일용직으로 채운다?

방청객 2 아까 마켓컬리와 쿠팡 이야기에서 채용대행사라는 개념이 나왔는데, 지금까지 저는 그런 게 있는 줄 몰랐습니다. 채용대행사를 통해야만 마켓컬리에서 일할 수 있는 건가요?

오 현재 마켓컬리 구조는 그렇습니다. 라이선스(면허)가 있는 거죠. 파견 라이선스와 직업 알선 라이선스가 있어요. 일자리 알선업을 하는 회사들 대부분은 양쪽 라이선스를 다 가지고 있을 겁니다. 일종의 직업소개소예요. A라는 회사가 마켓컬리 채용대행사라고 하면, 마켓컬리에서 일하고 싶은 사람들은 A에 원서를 넣어요. A는 소정의 수수료를 받고요.

안 채용할 때 마켓컬리에서 직접 공고를 안 낸다는 거네요. 마켓컬리가 이른바 유니콘 기업이고 기업 가치 1조 원 이상으로 평가 되는데, 고용의 80~90%를 차지하는 물류 부문은 채용대행사를 통해 모집하는 일용직으로 채운다는 거죠?

오 그렇죠. 물류를 일용직에게 맡기고, 결과적으로 근로기준법을 회피합니다.

정 대한통운과 마켓컬리는 채용대행사들 통해 인력을 공급받고요. 쿠팡의 경우 아예 HR을 두고 직접 인력 수급을 관리합니다. 그러니까 일용직들도 일하고 싶으면 쿠펀치 앱을 통해 신청을 해서 배정받고 출근하는 방식이에요. 쿠팡은 아예 풀필먼트서비스라는 자회사를 만들어서 거기서 모든 물류센터를 관리하고 인력 수급을 해요. 저도 쿠팡에서 일하다가 '마켓컬리에서 돈을 조금 더 주는데 한번 가 볼까.' 했거든요. 마켓컬리 가서 보니까 대한통운에서 사람 뽑는 거랑 방식이 똑같은 거예요. 쿠팡 같은 경우는 담당자 번호가 알바몬 같은 곳에 다 올라오거든요. 그런데 마켓컬리는 공개되는 번호가 다 달라요. 번호가 다 다르고 개인 이름이 올라가 있어서 '여기는 다 용역을 쓰는구나.' 했죠. 인력 수급 방식에는 그런 차이가 있더라고요. 그런데 현장에서 하는 걸 보면 다 똑같아요.

오 배민은 어때요?

박 배민은 그냥 플랫폼에서 바로 가입할 수 있어요. 쉽게.

김 카카오 같은 경우도 대리운전 기사가 직접 가입하면 됩니다.

최근 플랫폼 기업들은 전부 이런 고용구조를 가지고 있어요. 핵심 고용층이 있어요. 쿠팡 같은 경우는 쿠팡친구, 배민도 직고용 라이더들이 있었죠.

박 지금은 없습니다.

김 네. 예전에는 있었고요. 다음으로 그보다 조금 더 유연한 특고 라이더들이 있고, 가장 넓은 층이 배민 커넥트죠. 왜냐하면 플랫폼 기업 입장에서도 노동자들이 시장에 적응하게 해야 하고 일정한 조건 속에서 일을 시킬 수 있어야 하거든요. 그래서 최근 카카오 같은 경우 자회사를 통해 채용을 하기 시작해요. 이건 지금 추진되고 있는 플랫폼 종사자법(플랫폼 종사자 보호법)하고 상관이 있습니다. 플랫폼 종사자법에 따르면 계약을 체결해야 하는데 직접 계약하면 사용자가 책임을 져야 하거든요. 지금까지 카카오는 사용자가 아니라 중개업자라고 이야기하면서 간접 고용을 했는데, 플랫폼 종사자법이 여기에 딱 맞거든요. 카카오는 그냥 자기들이 중개업자라고 주장하고 싶겠죠.

노동자냐 아니냐, 결국은 권력의 문제다

안 그럼, 자연스럽게 플랫폼 종사자법 이야기로 넘어가면 되겠네요. 우선 노동자냐 아니냐가 쟁점이겠는데요. 아까 산재 이야기하면서 전속성이라는 용어가 나왔는데, 근로기준법상 노동자성을 판정할 때는 종속성 기준을 적용하는 거죠? 배달대행과 대리운전은 당연히 사용자에게 종속되어 있다는 근거가 많을 것 같은

데……. 박정훈 위원장님부터 이야기해 주시겠어요?

박 종속성이 없으면 사실 플랫폼 노동을 할 수가 없어요. 이걸 플랫폼 노동의 딜레마라고 부르는데요. 너무 큰 자율성을 주면 일을 할 수도 있고 안 할 수도 있고, 일을 하더라도 열심히 할 수도 있고 대충 할 수도 있기 때문에 이런 식으로 노동력을 공급하면 소비자로부터 플랫폼의 신뢰도가 떨어지게 됩니다. 그래서 서비스를 제공하는 기업들은 당연히 노동력의 품질을 관리할 수밖에 없거든요. 그 관리를 직접적으로 하느냐, 간접적으로 하느냐의 싸움이에요. 직접적으로 관리하면 노동자성을 인정하게 되기 때문에 그걸 회피하려고 하고요.

이게 지금 시대에서만 문제가 될까요? 아니죠. 예전에도 계속 문제가 됐어요. 예전에는 비정규직이나 하청으로 책임을 회피했다면 지금 플랫폼 기업들은 관리를 유연하게 하는 대신 알고리즘이나 별점과 같은 방식을 도입한 겁니다. 그래서 플랫폼 노동과 별점은 쌍을 이룰 수밖에 없어요. 플랫폼 노동의 딜레마를 해결하기 위해서 노무 관리를 소비자한테 전가하는 거고, 사실은 소비자가 관리자 역할을 하게 됩니다. 과거 소비자들이 상품을 구입하고 나서 종료 시점에 피드백을 줬다면 플랫폼 노동에서는 노동의 과정에 개입하는 거예요. 라이더가 적절한 동선으로 오는지 소비자가 보면서 판단하잖아요. 소비자들의 평가가 실제로 노동력의 패널티와 근무 조건을 결정하는 인사 고과 시스템 역할을 합니다. 이게 노동 과정에서 본 종속성의 문제고요.

또 과연 배달 라이더들이 사장으로서의 독립적인 영업 행위나 가격 결정을 할 수 있을까요? 그렇지 못하죠. 갑자기 가게에 들어

가서 '오늘부터 저에게 배달을 맡겨 주십시오.'라고 영업을 하면 배달대행사로부터 잘리겠죠. 이게 경제적 종속성의 문제고요.

안 깔끔하게 정리해 주셨네요.

박 하나 더요. 많은 사람들이 근태라든지 자율성을 가지고 노동자성 문제에 접근하려고 하는데, 사실 이건 권력 문제에 가깝습니다. 예를 들어서 특고라고 불리는 직종들을 한번 나열해 보세요. 대리운전, 보험설계사, 화물차운전, 레미콘운전……. 그러니까 특고를 해도 괜찮은 직종들이거든요. 실은 직접 고용이지만 자율성이 아주 높은 직종도 있어요. 교수나 의사를 예로 들 수 있죠. 의사가 수술하면서 지휘 감독을 받지 않잖아요. 그런데 4대보험이나 퇴직금을 다 보장받아요. 교수가 자율적으로 연구 활동을 할 때 지휘받지 않고, 기자가 취재할 때 지휘받지 않죠. 출퇴근이라든지 이런 기준으로만 노동자성 문제를 판단하는 건 법적인 기준이고, 실제로는 권력의 문제로 봐야 한다고 생각해요.

안 특고를 해도 괜찮은 직종이라는 말이 씁쓸하네요. 힘이 약한 직종이란 말씀이죠?

박 시장에서의 권력이 약하다는 거고요. 어차피 교수나 의사 정도의 힘을 가진 직종은 어떤 고용형태든 크게 상관없어요.

오 정부 논리는 이런 겁니다. 플랫폼 종사자들을 상대로 설문조사를 했더니 종속성이 80 정도 나오는데 나머지 20이 있으니까 일률적으로 플랫폼 노동자를 노동자로 보면 안 된다고 합니다. 금방 말씀하신 교수, 기자, 의사들을 한번 조사해 보면 종속성이 50도 안 나올 겁니다. 근로계약서를 쓰는 사람들도 종속성이 80 나오면 많이 나오는 거예요. 그런데 정부는 이걸 이유로 자꾸 말도 안 되는 주장을 하는 거죠.

안 그럼, 종속성이라는 기준 자체에 문제가 있다고 봐야겠네요. 잠깐 라이더 이야기로 돌아갈게요. 배민라이더 같은 경우는 가격 결정권이 없고, 단독 영업도 못 하고, 말만 사장이지 다른 사람을 고용해서 일을 시킬 수도 없고요. 이건 이해가 됩니다. 그런데 규모가 작은 동네 배달대행 업체에 소속된 분들은 완전히 출퇴근을 하는 노동자인 거죠?

박 네. 사실 동네 배달대행은 논쟁거리가 없어요. 식사 시간도 정해 놓고 강제로 배달을 지정해 주기도 합니다. 사실 여기는 노동자들이 마음만 먹으면 근로자로 인정받을 수 있죠. 물론 노동청에서는 싫어하겠지만요. 그런데 그걸 못하고 있는 이유는 동네 기반 노동이기 때문에 그래요. 알바 노동자들이나 동네 비정규직 노동자들이 노동청 안 가는 이유하고 똑같아요. 한 번 찍히면 골치 아프니까요. 그리고 노동자성을 인정받는 데 하루 이틀 걸리는 게 아니니까요. 1, 2년만 걸리겠어요? 대법원까지 가면 몇 년 걸리는데 그걸 할 수 있는 노동자들이 없어요. 그래서 플랫폼 종사자법 만들면서 정부가 '유리의 원칙(유리한 조건 우선의 원칙) 즉, 근로자에게 유리한 조건이 먼저 적용되어야 한다.' 같은 이야기를 하는데, 그건 새로운 원칙도 아니고 원래 있었던 원칙이거든요. 그게 현장에서는 작동될 리가 없다고 생각해요.

안 대리운전의 경우 종속성을 어떻게 따지나요? 정부에서는 대리운전의 종속성을 인정하지 않는 건가요?

김 이전에 인권위에서 실태조사를 했는데, 특수고용직 중에서 대리운전이 전속성과 종속성이 제일 낮다고 나왔어요. 그래서 우리는 그 기준을 적용받기 위해서가 아니라 기준이 잘못됐다고 싸웠습니다. 대리운전 시장에서는 여러 업체들이 사업을 하고 있고, 우리는 그 업체들 여기저기에 종속된 상태로 일을 하기 때문에 집단으로서의 사용자를 인정해야 한다는 거죠.

전체 고용을 봤을 때 자본이 정상적으로 책임을 지는 형태는 정규직이잖아요. 임금 좀 적게 주고 고용 의무를 회피하기 위해 비정규직, 기간제를 쓰는 거고요. 그리고 간접 고용은 사용자로서 책임을 면하기 위해서 하는 거죠. 특수고용은 개별 사업자뿐만 아니라 국가의 책임도 면제되는 형태입니다. 특수고용 노동자들에게는 매우 저렴하게 노동을 시키면서도 최소한의 사회보장도 제공하지 않아요. 그런데 플랫폼은 아예 고용 관계가 없다고 주장하거든요. 지금까지 자본주의 사회에서 노동자들이 싸워서 얻어 낸 권리가 다시 후퇴하고 있는 거예요. 그래서 저는 특수고용 노동자들에게도 기존 노동법을 적용해 달라는 요구가 전부는 아니라고 생각해요. 원래 근로기준법의 취지대로 모든 노동하는 사람에게 최소한의 사회적인 안전망과 보호 조항을 적용하게 하는 게 현실적으로 맞지 않나 싶습니다.

안 전속성, 종속성 같은 잣대를 들이대는 것보다 현실 속에서 일하는 노동자들의 권리를 어떻게 보호할 건지가 더 중요하겠어요.

오 2021년 2월에 영국에서 우버 기사들은 우버가 직접 고용해야 된다는 대법원 판결이 났어요. 여러 가지 지표들을 가지고 따졌는데, 특히 가격 결정권이 우버에 있고 기사가 콜을 거부할 권리가 있긴 했지만 어느 정도 이상 거부하면 계정 정지 등의 통제를 했다는 점을 중요하게 다뤘거든요. 그러면서 굉장히 중요한 내용을 하나 얘기했는데, 우버 기사의 노동 시간을 어떻게 측정할 것인가? 로그인한 시간부터 로그아웃한 시간까지로 본다는 거였어요. 운전하다 보면 손님 내려드리고 다음 손님 받을 때까지 기다리는 시간이 생기잖아요. 이 시간도 노동 시간이라는 거죠.

어쨌든 우버가 대법원 판결에 따라 7만 명을 직접 고용했는데, 이건 안 지키고 있습니다. 대기 시간을 노동 시간에서 빼요. '아니, 대기 시간을 노동 시간으로 치면 안 되는 거 아니야?'라고 하시는 분도 있을지 모르겠는데, 생각해 봅시다. 우리가 편의점에서 일하는데 야간에 손님이 별로 없어서 잠깐 휴대폰을 봤다면, 그 시간을 노동 시간에서 빼나요? 공장이나 사무실에서 일하다

근로기준법상의 노동 시간

근로기준법 제50조 3항 "작업을 위하여 근로자가 사용자의 지휘 · 감독 아래에 있는 대기시간 등은 근로시간으로 본다."

근로기준법 제58조 3항 "업무의 성질에 비추어 업무 수행 방법을 근로자의 재량에 위임할 필요가 있는 업무로서 대통령령으로 정하는 업무는 사용자가 근로자 대표와 서면 합의로 정한 시간을 근로한 것으로 본다."

가 화장실에 다녀왔는데, 화장실 간 시간을 노동 시간에서 빼나요? 우버의 논리라면 이걸 다 빼야 됩니다.

콜이 올 때 거절하면 대기 시간이 늘어나니까 도덕적 해이가 생길 거라는 이야기가 있지만, 콜을 계속 거부하면 계정이 정지되니 결국 대기 시간도 사용자의 지휘 통제하에 있는 겁니다. 그러니까 노동 시간에 넣는 게 맞아요. 이걸 부정하는 건 노동 시간을 측정 못하게 하려는 겁니다. 승객을 태운 시간만 노동 시간으로 친다면 이걸 일일이 분초 단위로 쪼개서 노동 시간을 측정하기는 불가능하니까요.

안 노동 시간이 중요한 이유는 무엇인가요?

오 세계적으로도 그렇고 한국의 근로기준법도 노동 시간을 측정해야만 법 적용이 됩니다. 연차, 월차, 퇴직금, 월급 계산이 모두 노동 시간에 입각해서 돌아갑니다. 노동 시간을 계산하지 못하면 근로기준법을 적용하기가 매우 어려워요. 그러니까 사용자들은 노동 시간 측정이 불가능하다, 이런 식으로 꼬아서 노동자가 아니고 건당 계약하는 프리랜서라고 주장하는 거죠. 그런데 우버 대법원 판결은 노동 시간을 측정할 수 있고 대기 시간도 노동 시간으로 봐야 한다고 판단했다는 점에서 굉장히 중요한 판결이었던 거고요.

이 문제를 해결하지 못하면 대리 기사나 라이더들한테 지금 당장 근로기준법을 적용하려고 해도 쉽지가 않습니다. 노동 시간 측정이 안 되니까요. 그래서 법으로 노동 시간을 규정하든지, 아니면 판결로 정리를 해 주든지 해야 합니다. 그런데 그러려면 시

해외 사례

영국

"우버 운전기사들은 노동자 worker 니까 직접 고용해야 한다" 대법원 판결

이탈리아

저스트이트 배달원 4,000명 직접 고용하고 사회보장, 유급휴가 제공

호주

최대 배달 플랫폼 '메뉴로그' Gig 모델 포기하고 배달원 전원 직접 고용하기로 결정

스페인

2021년 5월 '라이더법' 제정. 배달 플랫폼 노동자를 근로자로 추정하고 플랫폼 업체가 노조에 알고리즘 공개

간이 오래 걸리죠. 가장 간편한 방법은 단체 협약으로 정리하는 겁니다. 노동 시간을 어떻게 측정하고 보상 시스템은 어떻게 할 것인지에 대해서 말이죠. 업종별로 특징이 있을 테니까요. 업종별로 노동조합과 협약을 맺으면 노동 시간에 관한 맞춤형 해결책이 나오고 노동자를 보호할 수 있을 겁니다.

저는 '알고리즘 매개 변수에 노동조합을 추가해라.'라는 표현을 씁니다. 거리나 콜 거부율만 변수로 넣을 게 아니라, 알고리즘 결정을 노동조합과 합의해야 한다는 변수를 넣으면 단체 협약으로 얼마든지 그 업종의 노동권을 보호할 수 있죠.

안 그럴 수 있으려면 노동조합의 활동이 보장되고 조직률도 높아야겠어요.

오 그렇죠.

플랫폼 노동자들을 조직하기까지

안 사실 노동조합을 조직하기에 편한 환경은 없겠지만, 여기 계시는 분들 모두 결코 편한 환경에 처해 계시지는 않은 듯합니다. 라이더유니온 같은 경우는 조직화를 어떤 방식으로 하셨나요?

박 라이더유니온은 초기, 중기와 지금이 각기 다른 것 같아요. 초기에는 언론 플레이가 중요했어요. 언론 이슈를 만드는 방식으로 라이더들 중에서 노동조합이 필요하다고 느꼈던 사람들을 일단 모아 냈어요. 오픈 채팅방을 통해 사람들을 모아서 인터뷰를 진행했는데, 사실은 인터뷰를 가장한 조합원 모집이었죠. 전국 방방곡곡을 다니면서 한 명 한 명 만났어요. 2시간씩 붙잡고 이야기를 나눈 다음 마지막에 라이더유니온 가입서를 내밀었어요. 이런 방식으로 초기 조직화를 했습니다.

그러고 나서는 조합이 일종의 시민권을 획득하는 단계가 있었어요. 2019년 5월 1일에 출범식과 행진을 하면서 조합이 실체가 있다는 걸 보여 줬어요. 그러면서 정부나 기업에서도 인정하는 노동조합이 됐습니다. 여기까지가 중기라고 보고요.

지금은 조합원이 늘어난 상태에서 실제로 교섭을 하는 단계까지 왔죠. 초기에는 개인의 언론 플레이, 중기에는 시민권을 통한 사회적인 대화, 그리고 지금은 노동시장 내에서 기업에 대한 교섭력을 가진 상태라고 정리하면 될 것 같습니다. 그런데 아무리 조직을 많이 해도 실질적인 교섭력에는 한계가 있어요. 왜냐하면 플랫폼 배달 시장은 노동력이라는 게 무한대니까요. 파업을 해도 실질적으로 큰 효과를 내기가 힘든 면이 있습니다. 교섭력과 파업권을 보장하는 어떤 제도적 장치가 있어야 한다고 생각합니다.

김 현재 플랫폼 노동조합 중에서는 저희 전국대리운전노동조합이 가장 오랜 역사를 지니고 있어요. 15년 정도 됐지요. 2012년에 대구에서 지역에 있는 업체들을 다 모아서 단체 협약을 체결했습니다. 요금, 수수료, 복지를 망라하고 나아가 대리운전 호출 건수에 비례해 대리운전 기사 수를 제한하는 조항도 포함되었어요. 그 때 대구 지역 대리운전 노조는 노조 필증이 있었어요.

그런데 전국 단위 노동조합을 설립하는 과정은 정말 험난했어요. 2016년에 전 위원장이 국회 앞에서 단식농성을 하면서 노동 기본권을 되찾기 위한 싸움을 시작했어요. 무려 5년 동안 그걸로

대리운전노동조합을 만들기까지…

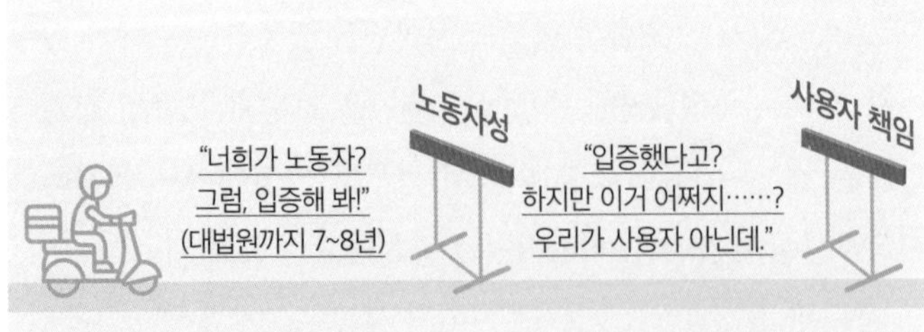

이재갑 장관 국회 답변(2020.07.29.)	카카오모빌리티 답변 공문(2020.08.27.)
"바로 사업주가 특정되는 것은 아니라고 생각 (중략) 법률적으로 다시 한 번 검토를 해 볼 필요가 있고 (후략)."	"당사가 단체 협약을 체결할 수 있는 지위에 있는지 불분명하다는 법률 검토 의견이 있었습니다."

싸워서, 2020년 7월 17일에 전국 노동조합까지 신고필증을 받았습니다. 그 때 노조 필증만이 아니라 산재보험, 고용보험 적용도 같이 요구했고요. 지금은 카카오에 교섭을 요구하고, 창구단일화 절차가 진행 중입니다.(2022년 3월 3일 현재, 카카오모빌리티와 노조는 본격적인 단체교섭을 시작한다고 발표했다. 첫 단체교섭에서 노조는 카카오모빌리티에 △대리운전노동자의 노동 조건 개선 및 권익 증진 △배차 시스템 알고리즘의 공개와 공정한 운영 △사회안전망 확대 △대리운전업의 정상화 및 고객 편익 증진 등 핵심 요구안 4가지를 제시했다.)

노동조합을 지켜 나가기가 쉽지는 않아요. 10명이 들어왔다가 9명은 나가죠. 왜냐하면 조합비를 내면서 조합원을 해도 금방 어떤 결과를 얻는 게 아니니까요. 또 먹고살기도 힘들고요. 그래서 특수고용이나 플랫폼 쪽은 노동조합 조직에 시간이 많이 걸립니다. 플랫폼 노동이 사회적으로 의미가 있다면 노동조합의 초기 조직화 과정에 사회적인 관심과 자원이 필요하다고 생각합니다.

정 쿠팡은 노동조합이 만들어진 지 5개월 정도 됐어요. 지난 2021년 6월에 설립했으니까요. 그 과정에서 중요한 계기점이라면 2020년에 발생한 부천 신선센터 코로나 집단감염사태예요. 그때 사회적 관심을 받으면서 쿠팡 대책위도 만들어졌어요. 네이버 밴드를 통해서도 선전을 많이 했고요. 밴드에 쿠키런이라는 채팅방이 있거든요. 모바일 게임이 아니고, (청중 웃음) '쿠팡 노동자들의 권리를 함께 키워 가는' 커뮤니티입니다. 하여간 그런 과정 속에서 노조가 설립되었습니다.

저희는 물류센터 선전전도 많이 해요. 지금 분회가 만들어져 있는 센터들 중에 고양이나 인천 같은 메가 센터들이 있는데, 그런 곳들은 1~2주에 한 번 현장에서 선전전을 하고요. 조합원이 없는 센터에도 가서 홍보물을 나눠 주고 있는데, 사실 쿠팡 물류센터는 그냥 잠깐씩 거쳐 가는 분들이 많아서 조직화가 더디긴 해요. 그래도 일단은 노조가 생겼다는 게 큰 의미가 있는 일이고, 아직 몇 개월 안 됐으니 더 열심히 해야죠.

그리고 저희도 지금 쿠팡과 교섭에 들어갔어요. 쿠팡도 정말 만만치 않은 기업이긴 해요. 지금 공공운수노조 항만운송본부 쿠팡지부가 교섭을 굉장히 오래 하고 있는데 진전이 별로 없거든요. 라이더유니언도 지금 쿠팡이츠랑 교섭을 하고 계시죠? 지난번 노동자대회 때 쿠팡이츠 분들과 잠실에서 같이 집회도 했는데, 상황이 만만치는 않은 것 같더라고요.

그래도 거대 독점 기업인 쿠팡에서 노동조합이 만들어졌으니 사람들의 힘을 합쳐서 한번 해 보자는 생각입니다. 쿠팡에 대한 사회적 여론이 굉장히 안 좋거든요. 쿠팡 관련 보도가 나올 때마다 부정적인 댓글이 많이 달려요. 대학생이나 쿠팡에서 한 번씩 일하셨던 분들이 다 안 좋은 기억이 있으신 것 같아요. 댓글을 보면 '얘네들은 그럴 만하다.', '여기는 망해도 싸다.' 같은 내용이 굉장히 많아요. 그런 여론도 있으니 현장에서 열심히 하면 변화가 있을 것 같습니다.

안 세 분 다 큰일을 하고 계시네요. 라이더유니온을 만들려고 한 명씩 만나다가, 교섭을 하기까지 큰 발전을 이뤄 내신 것 같고요. 대리운전 노조도 단체 협약을 이뤄 내고 노조 필증을 받아 낸 것은 큰 성공 사례라는 생각이 듭니다. 쿠팡 물류센터 지회는 젊은 기운과 의욕이 많이 느껴집니다.

쿠팡, 혁신의 실체는…

안 쿠팡 관련 기사에 달리는 댓글에 대해 말씀하셨는데, 사실은 저도 쿠팡 기사에 달린 댓글들 보고 놀라서 저장해 놓은 적이 있습니다. 몇 개를 읽어 볼게요. '(쿠팡에서) 일 안 해 본 사람들은 댓글 달지 말라. 나도 쿠팡맨 하면서 몸무게 75kg에서 57kg까지 빠져서 뼈다귀만 남은 적이 있다.', '쿠팡맨이 만든 기업인데 무슨 대표나 임원들이 잘해서 만든 회사처럼 착각한다.', '일자리 만든 건 정말 대단하고 칭찬받을 일이다. 근데 그 안을 들여다보면 이직률과 불만 사항이 엄청나다. 9시간 동안 밥 먹는 1시간을 제외하고 앉지도 못하게 하고 서서 일하게 한다.' 정말로 이런 식의 댓글이 줄줄이 달려 있어요.

방청객1 예전에 연예인 김○○ 씨가 쿠팡플렉스 일을 하는 모습이 방송에 나왔잖아요. 거기서는 그분이 플렉서로 일하면서 시간을 효율적으로 쓰고, 돈 벌어서 여행 다녀오고, 돈 떨어지면 다시 돈을 벌 수 있어서 아주 만족한다고 했어요. 나중에 그분이 쿠팡맨 광고도 찍었고요. 실제로 일하시는 분들은 그런 걸 보면서 어떤 생각을 하셨을까요?

정 그 방송 나왔을 때는 제가 쿠팡 일을 안 하고 있었거든요. 그래서 확실히는 모르겠는데, 그분은 플렉서로 일하셨잖아요. 방송에서는 자유롭게 일하고 여행도 다녀온다는 식으로 나왔다고 알고 있어요. 많이 미화된 거죠. 현실에 가까운 영상으로는 《워커스》 기자분이 플렉서 체험을 한 게 있습니다. 거기서는 고객한테서 배송이 빨리 안 된다고 독촉 전화도 오고 하더라고요.

제가 보기에는 실제 플렉스 일을 하는 분들 중에 TV에 나오는 것처럼 잘나가는 분들은 1%도 안 될 것 같아요. 지금 쿠팡이 광고를 엄청 하잖아요. 요즘 포털 사이트를 보면 쿠팡 관련 채용 광고밖에 없는 것도 같아요. 물류 같은 경우는 신규 입사하는 사람에게 축하금 400만 원을 준다고 해서 지금 입사자가 아주 많아졌거든요. 쿠팡친구의 경우 월 300~400만 원을 보장하고 연봉 얼마를 보장한다고 광고하는데, 실제로 그런 수입을 올리려면 굉장히 힘들게 일을 해야 하는 시스템이라고 들었어요. 속된 말로 사람을 갈아 넣는 거죠. 소수의 사례를 미화해서 광고를 하고 사람을 끌어모으는 걸로밖에 안 보입니다.

김 제가 아는 대리 기사분 중에서도 한 달에 500만 원 이상 수입 올리는 분이 있기는 합니다. 한 달에 500 이상 벌고 해외여행도 다닌다고 자랑을 많이 하죠. 그런데 통계적으로 전체 대리 기사 중에 2~3%만 이렇게 벌 수 있을 겁니다.

이런 사람들이 어떻게 일하는지 아세요? 잠을 집에서 자지 않고 골프장 대리 기사 숙소에서 잡니다. 그러면 아침에 골프 치러 온 사람들이 3시쯤부터 콜을 부르기 시작하거든요. 그 콜을 타고 서울에 와요. 서울에서 여기저기 돌다가 마지막 콜은 골프장 방향으로 타고 가서 또 거기서 자요. 자기 생활이 하나도 없는 거죠. 대리운전하고 밥 먹고, 자고, 이렇게 하면 500에서 700도 벌 수는 있어요. 그런 기사분들 중에 상당수는 건강을 해치거나 과로로 돌아가시는 분들도 있어요. 생계를 위해 건강을 담보로 죽음을 향한 질주를 하는 거지요.

대리 기사들이 전업 기준으로 하루에 보통 10~12시간씩 일합니다. 출퇴근 시간 다 빼고 10시간 일하면 전업 기준으로 순수익이 200~220만 원이에요. 국토부 실태조사에서는 190만 원이라고 나왔는데, 하루에 12시간씩 일하고 한 달에 25일 이상 일할 때 220만 원 전후로 나오는 것 같습니다. 장시간 야간 노동을 지속해도 최저생계비도 못 버는 구조죠.

착취에도 강요된 착취가 있고 자발적 착취가 있어요. 플랫폼 노동자들은 일하는 만큼 수입이 늘어나니까 자발적으로 일을 많이 하게 되죠. 저는 대리운전하면서 하루 12~13시간은 물론이고 하루 16시간씩 일하는 사람도 봤습니다. 스스로 착취를 하면서 돈을 벌어요. 그러면서 만족감을 느낀다면 그게 지속가능하고 건강한 만족감일까요? 그렇게 자기를 착취하면서 왜곡된 만족을 느끼게 만드는 사회가 바람직한 걸까요? 플랫폼 노동자의 자율성이나 만족감이라는 부분은 잘 들여다볼 필요가 있습니다.

안 쿠팡 얘기를 하다가 여기까지 왔네요. 새벽배송이든 로켓배송이든 '이렇게까지 노동자를 착취해 가면서 편리함을 추구해야 하나.'라는 의문을 갖게 해요. 앞으로 물류 산업의 중요성은 점점 커질 텐데, 노동자들을 갈아 넣고 화장실 가는 것까지 통제하는 방식을 혁신이라고 부를 수 있을까요? 사회 전체가 고민을 많이 해봐야 할 것 같습니다.

그리고 건강과 안전은 가장 기본이잖아요. 노동자들이 안전하고 건강하게 일할 수 있는 환경. 이걸 기본값으로 정해 놓고 배송 시간을 얼마나 단축할 수 있는지를 이야기해야 할 것 같아요.

오민규 실장님이 보시기에 쿠팡의 혁신은 어떤 건가요? 혁신의 실체가 뭘까요?

오 쿠팡 자체는 아마존과 비슷해요. 그리고 쿠팡을 사용해 보신 분들은 알겠지만 '이게 이 가격에 가능해?'라는 의문이 드는데 그게 가능해요. 낮은 가격으로 독점을 합니다. 그 낮은 가격을 유지하는 건 고객한테 돈을 뽑아내서가 아니에요. 쿠팡 노동자들과 입점 업체들한테서 돈을 뽑아내요. 사실은 배달 플랫폼도 고객들에게서 돈을 남기지 않고 라이더와 음식점에서 돈을 남기는 구조라는 점에서 동일하죠. 그러니까 그 플랫폼에 묶어 놓은 사람들을 일종의 죄수의 딜레마에 빠지게 만들어요. '내가 이 콜을 거부하면 다음 콜을 못 받을지도 몰라.'라는 불안에 빠지게 하죠. 그렇게 해서 배달료 후려치기를 하고 광고료와 수수료를 올려 받아서

플랫폼과 공공성

플랫폼 서비스는 우리의 일상을 지배하면서 공적 영역과 유사한 서비스가 되어 가고 있다. 그래서 리나 칸 미국 연방거래위원회(FTC) 위원장은 "플랫폼 기업을 필수적인 공익사업으로 보고 수수료 인상 제한 등의 규제를 가해야 한다."는 입장을 밝힌 적이 있다. 우리도 플랫폼 기업의 서비스와 공적 영역이 겹치는 부분에 관해 다음과 같은 의문을 품어 볼 수 있겠다.

√ 택시 사업을 왜 꼭 카카오가 해야 하나?
√ 배달 중개와 주문 중개를 반드시 외국인 소유의 사기업에게 맡겨야 하나?
√ 대리운전 시장에 고율의 수수료를 챙겨 가는 업체들이 난립하는 것이 사회적으로 바람직한가?

돈을 남겨요.

그런데 쿠팡은 계속 적자를 봤잖아요. 엄청난 적자를 기록하고 있는데 왜 100조 원의 가치를 가지고 미국 증시에 상장될까요? 잠깐 옛날얘기 좀 합시다. 조선시대 최초로 독점 자본의 폐해를 다룬 소설이 연암 박지원 선생의 《허생전》이잖아요. 《허생전》에 변부자라는 인물이 나옵니다. 허생은 장사를 해 볼까 하고 집을 나왔는데, 장사 밑천이 없으니 변부자를 찾아갔어요. 그런데 변부자가 한눈에 알아보죠. '이놈 독점 좀 하겠는걸.' 그래서 만 냥을 내줍니다. 오늘날 살아 있는 사람 중에서 변부자와 비슷한 인물이라면 소프트뱅크의 손정의 정도가 아닐까요. 독점에 성공할 것 같은 기업을 알아보고 몇 조를 투입하잖아요. 그러니까 미국 주주들도 쿠팡의 현재 영업 이익을 가지고 판단하는 게 아니라 '쿠팡은 독점으로 간다.', '독점으로 가는 순간 수십 조를 번다.'고 생각하는 겁니다. 미래에 독점으로 갈 게 확실해 보인다는 것. 사실은 아마존도 이익이 많이 남는 회사는 아닙니다. 최근에 이익이 조금 나긴 했는데 물류센터니 이런 데가 아니라 클라우드 서비스에서 이익이 나오는 구조고요. 그런 수익 모델을 유지하면서 시장을 장악해 나가는 거죠. 독점을 더 많이 하면 할수록 기업 가치가 늘어나니까요.

카카오가 조만간 카카오모빌리티를 한국에 상장하거나 미국에 상장할 거고요. 마켓컬리는 아마도 저희들이 고발한 것 때문에 미국에 못 가고 한국에서 상장하겠다는 것 같아요. 마켓컬리가 쿠팡의 신선센터랑 사실상 똑같은 모델이니까요. '적자를 보면서도 독점으로 간다.', '독점으로 하면 무조건 이익이 난다!' 바로 이게 플랫폼과 독점의 관계입니다. 또 이걸 보고 달려드는 투자자들 때문에 몇 년씩 적자를 보면서도 버틸 힘이 생기기도 하고요.

플랫폼 종사자 보호법, 당사자들이 반대하는 이유

안 쿠팡이 나스닥 상장을 할 때 보고서를 제출해야 되는데 거기에 쿠팡플렉스와 쿠팡이츠가 파트너들이 근로자가 아니라고 명시했더라고요. 그러니까 저 사람들은 다 근로자(Employee)가 아니고 독립계약자(Independent contractor)라고 공식화한 거고, 이걸 한국 고용노동부가 인정해 준 거잖아요. 정부는 가장 불안정하고 가장 보호받아야 하는 노동자들을 보호할 생각이 없는 것 같습니다. 대리운전 노동자도 그렇고 라이더 노동자도 그렇고요.

아까 영국 우버 사례는 어떤 거예요? 우버에서는 독립계약자라고 주장했는데 법원에서는 근로자라고 판결한 건가요?

오 '워커Worker'라고 했어요. 굳이 한국말로 번역하자면 '노무제공자'입니다. 근데 '근로자가 아니라 노무제공자'라고 판결한 건 아닙니다. 애초에 소송을 걸 때 근로자인지 여부를 물은 게 아니라 노무제공자인지를 물었거든요. 그래서 법원은 근로자 여부는 판단을 안 했고, 노조 말은 맞다고 일단 보호 판결을 낸 겁니다.

안 세계 각국의 다른 사례를 몇 가지 더 설명해 주시겠어요?

오 미국 캘리포니아주에서는 AB5 법안이 만들어져서 지금 시행 중입니다. 이 법안의 핵심은 플랫폼 노동자 문제를 떠나서 일하는 사람이면 누구나 기본값을 노동자로 본다는 겁니다. 노동자가 아니라는 사실을 입증할 책임은 사용자에게 지우고요. 한국에서는 아까 박정훈 위원장님 말씀처럼 내가 노동자임을 스스로 입증해야 되거든요. 그런데 AB5 법안에 따르면 내가 노동자임을 내가 입증할 필요가 없어요. 내가 노동자라는 데 사용자가 이의가 있다면 그 사용자가 입증하라는 거예요. 물론 나중에 이게 뒤집어지긴 했죠. 앱 기반 라이더에게는 적용이 안 되도록 다른 법이 만들어졌어요. 하지만 최근에 미국 고등법원에서 그 법이 위헌이라는 판결이 나왔어요. 만약 미국 대법원에서도 그게 위헌이라는 판정이 나면 AB5 법안이 앱 기반 라이더들에게도 적용됩니다.

유럽연합에서도 이와 유사한 입법을 하기 위해 결의안을 만들었어요. 결의안 내용이 바로 그 내용이에요. 기본값은 노동자로 두고, 입증 책임을 전환하자. 그리고 라이더나 운전기사들에게는 상해보험 정도는 보장을 해 줘야 한다. 산재보험 플러스 상해보험까지 보장을 해 줘야 된다는 내용입니다.

스페인은 아까 말씀드린 대로 아예 '라이더법'을 만들어서 라이더는 노동자라고 못 박았고요. 영국에서는 우버 기사들이 노동자라는 판결이 나왔고요. 우버 판결 이후로 사실상 모빌리티 기사들은 전부 노동자로 보는 거죠. 라이더에 대해서는 아직 그런 판결이 안 나왔지만요. 독일은…… 어차피 플랫폼 기업들이 자영업자처럼 위장해 봐야 안 통하겠다고 판단해서 아예 소규모 업체들로 바꿨거든요. 우버는 진짜 중개만 하고, 소규모 운수 업체들이 직접 기사들을 채용해요. 그러니까 노동자성은 문제가 없고 사용자성이 문제지요. 이 소규모 업체들이 사용자냐, 아니면 우버가 사용자냐라는 문제가 남았는데요. 최근에 중요한 판결이 나왔어요. 소규모 고용 업체가 아니라 그 위에 있는 플랫폼 기업이 라이더들에게 오토바이와 휴대폰을 지급해야 한다는 판결이 나왔습니다.

그리고 지금 이탈리아 소식이 하나 올라왔네요. 이탈리아에서도 우버이츠가 라이더들을 직접 고용하는 게 아니라 소규모 업체들을 통해 고용했는데, 아마 법원 판결이나 법률은 아니고 행정조치가 나온 거 같아요. "이 배달 라이더들은 우버이츠가 직접 고용한 기사들이다." 이걸 어느 이탈리아 교수가 트위터에 올려서 전 세계 노동법 교수들이 난리가 났습니다. 트위터만 열어도 이런 사례가 하루에 수십 가지 쏟아집니다. '어느 나라에서는 라이더에게 뭘 어떻게 했다.' 그런데 한국만 별다른 소식이 없어요.

안 그러니까 입법하는 경우도 있고 판결이 나온 경우도 있고 행정 조치를 하는 경우도 있는데, 어쨌든 세계 각국이 플랫폼 노동자를 보호하는 장치를 만들고 있다는 거네요. 이제 한국에서는 무엇을 어떻게 하고 있는지를 살펴보면 좋겠습니다. 2020년 12월에 고용노동부에서 플랫폼 종사자 보호 대책을 세웠고, 그 대책의 연장선상에서 2021년 3월에 플랫폼 종사자 보호법이 발의됐어요. 당사자인 플랫폼 노동자들은 반대 의사를 표명하고 있는 것 같은데, 반대의 이유는 무엇인가요?

김 가장 큰 문제는 이 플랫폼 종사자법이 플랫폼 노동자들의 노동기본권을 오히려 희석시킬 수 있다는 거예요. 내용을 보면 '산재보험을 제공한다.', '최소한 단체는 만들 수 있게 해 준다.', 이런 식이거든요. 플랫폼 노동자들은 단체를 구성할 수 있고 플랫폼 업체하고 교섭도 할 수 있다……. 그런데 단체행동권이 없어요. 노동3권을 분리해서 단체행동권을 빼 버린 겁니다. 현실적으로 교섭이 안 되면 그다음에 뭔가를 할 수 있어야 하잖아요. 이게 플랫폼 노동의 전형적인 문제거든요.

사실 우리 대리운전 노조는 그동안 열심히 싸워서 표준계약서를 다 만들어 놓았어요. 우리가 강하게 문제 제기를 하니까, 심지어 정부 입법 요구안에도 대리운전 노조와 라이더유니온은 노조법상 노조가 맞다는 내용이 들어가 있어요. 그동안 싸우고 항의했던 몇몇 조합에만 노조법을 적용하고 나머지 업종은 개별적으로 따지겠다는 거죠. 말도 안 되는 소리입니다. 그런 본질적인 한계가 있어서 저희는 반대하고 있습니다. 그러지 말고 노조법을 개정하면 플랫폼 노동자 보호에 아주 효과적이고 명분도 충분히 있거든요.

사실 플랫폼 자체는 기술의 발전일 수도 있고 효율성이라는 측면도 있잖아요. 그 플랫폼 속에서 노동이 더 소외되고 더 열악해지는 것이 아니라, 노동권을 지켜 내면서 플랫폼이 사회적으로 이익이 되는 방향으로 자리매김할 수 있기를 바랍니다.

박 노동자가 아니라 '플랫폼 종사자'라는 개념을 별도로 만들어서 이 개념으로 보호하겠다는 것이 문제입니다. '플랫폼 종사자'로 규정되는 '제3의 지위'를 만들겠다는 위험한 발상이에요. 오히려 지금까지 일어난 나쁜 문제들을 부추기는 법이 될 가능성이 높습니다. 최소한의 보호도 받지 못한 노동자들이 보호받기 위해서는 '플랫폼 종사자'라는 지위를 획득하기 위해 안간힘을 써야 할 겁니다. 그리고 '플랫폼 종사자' 이상의 권리를 쟁취하려는 플랫폼 노동자들은 플랫폼 종사자법에서 벗어나기 위해 노력해야 하겠죠. 이런 방식으로는 변화하는 산업 현실에 제대로 대응할 수 없습니다.

게다가 플랫폼 종사자법에 규정된 것들로는 플랫폼 노동자를 보호할 수가 없습니다. 법에 들어간 것이 계약서 작성 의무 같은 건데, 사실 계약서는 이미 잘 쓰고 있어요. 지금 플랫폼 노동의 쟁점은 계약서 이외의 내용들, 그러니까 알고리즘이라든지 경제적 통제에 어떻게 노동자들이 개입할 수 있는가가 핵심이거든요. 그런 권리는 계속 막으면서 노동자 보호 조항은 최소한의 수준만 집어넣은 종사자법으로 가자고 하니까, 이 법이 한 번 통과돼 버리면 되돌릴 수 없겠다고 생각해서 저희가 반대를 하는 겁니다.

실제로 법안의 내용을 보면 알고리즘 공개도 기업 비밀에 대해서는 건드리지 않는다는 단서 조항이 붙어 있어요. 그래서 현재의 쟁점을 해결하는 데는 별 도움이 되지 않을 것 같습니다. 프리랜서를 보호하려면 차라리 '프리랜서 보호법'을 따로 발의하는 게 낫겠다 싶어요. 프리랜서와 플랫폼 노동을 묶어 버리니까 문제가 되는 거거든요.

오 노동자와 프리랜서의 구분선이 있겠죠. 어딘가에. 지금 프리랜서를 보호하는 내용은 아무것도 없는 제로라고 봤을 때, 플랫폼 종사자법에서는 이 하한선을 조금은 주겠다는 거예요. 계약서는 제대로 공정하게 써야 한다, 알고리즘을 공개해야 한다, 이런 식으로 하한선을 높이는 내용 몇 가지가 들어갑니다. 그 대신 특수고용직과 플랫폼 노동자들의 보호 수준도 끌어내려 이 선에 맞추는 거죠. 그런데 정부는 프리랜서 보호 기준을 높인다는 것만 얘기해요. '하한선을 높인다.' 그리고 플랫폼 특수고용 쪽은 '유리의 원칙'을 적용해서 절대로 노동자들에게 불리하지 않게 하겠다고 말해요. 그런데 노동자성을 다툴 때 입증 책임은 노동자에게

정부·여당의 플랫폼 종사자법 핵심 문제점

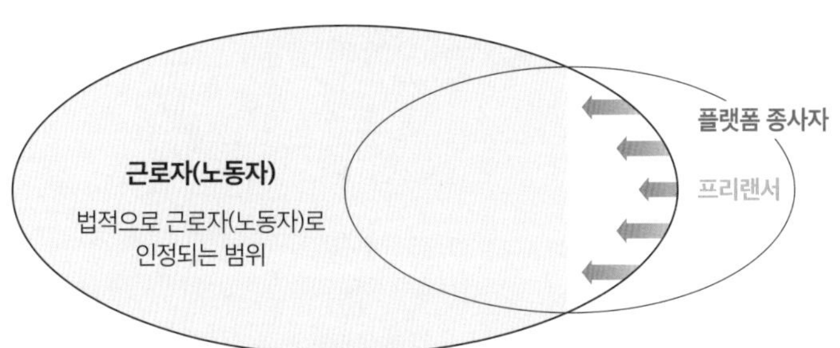

노동법 적용받기 어려운 프리랜서에게도 최소한의 보호 장치 마련하자는 것이 입법취지라고 하나,

① 노동자와 프리랜서 사이 경계를 모호하게 만들어 엄연한 노동자를 프리랜서로 둔갑시킴
② 플랫폼 기업의 핵심을 '중개' 업무로 좁게 해석함으로써 플랫폼 기업이 져야 할 책임을 면제해 줌
③ 플랫폼 지배와 사용자 책임 핵심인 알고리즘에 대해 비공개할 명분 제공(영업기밀 핑계만 대면 됨)

올바른 보호 입법의 방향

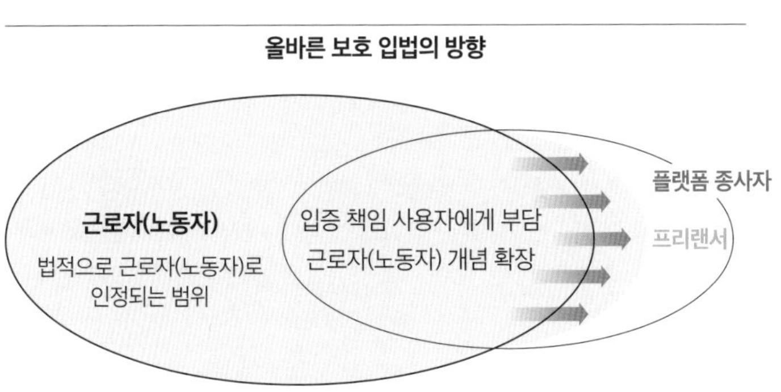

있기 때문에, 노동자성을 인정받으려면 7~8년 걸리는 소송을 해야 합니다. 정부는 '7~8년 걸리는 소송이 싫으면 일단 이 법이라도 적용하는 게 낫지 않아?'라고 말하는 거죠.

그래서 차라리 프리랜서 보호법을 따로 만드는 게 낫지 않나

고구마처럼 답답하네! 고용노동부 H 과장과의 대화

(문) 이 법은 모든 플랫폼 종사자를 일단 특수형태 근로종사자로 보겠다는 것 아닙니까?

(답) 아닙니다. 그건 노동계가 정말 오해하시는 겁니다.

(문) 배민커넥터나 라이더는 노동자입니까, 자영업자입니까?

(답) 일의 형태, 종속성 정도를 따져서 노동자 여부를 판단해 봐야 합니다. 하지만 노동자가 아닌 것으로 판명 나더라도 플랫폼 종사자법의 보호를 받을 수 있습니다.

(문) 번역가, 타이피스트는 노동자입니까, 자영업자입니까?

(답) 일의 형태, 종속성 정도를 따져서 노동자 여부를 판단해 봐야 합니다. 하지만 노동자가 아닌 것으로 판명 나더라도 플랫폼 종사자법의 보호를 받을 수 있습니다.

(문) 택배 기사나 웹툰 작가, 대리 기사는 노동자입니까, 자영업자입니까?

(답) 일의 형태, 종속성 정도를 따져서 노동자 여부를 판단해 봐야 합니다. 하지만 노동자가 아닌 것으로 판명 나더라도 플랫폼 종사자법의 보호를 받을 수 있습니다.

그러니까 고용노동부의 답변에 따르면 배민커넥터, 배달 기사, 웹툰 작가, 번역가, 모빌리티 기사, 타이피스트, 대리 기사, 택배 기사 모두 일의 형태와 종속성을 따져서 노동자인지 여부를 판정한다는 것이다. 그런데 현실에서는 대법원 판결까지 7~8년 걸린다. 그 세월을 기다려 가며 노동자라는 판정을 얻어 내기 전까지 정부는 그 노동자들을 죄다 특수고용으로 보고 플랫폼 종사자법을 적용하겠다는 이야기가 된다.

자료: 2021년 11월 중순 고용노동부 H 과장이 <국회TV>에 출연해 답한 내용을 재구성

합니다. 자꾸 전속성 기준, 이런 식으로 따지지 말고 시대의 변화에 맞게 그 기준도 넓히라는 거죠. 그리고 플랫폼 쪽은 전통적인 노동법을 적용하되 더 넓은 노동자가 보호받을 수 있도록 노동법의 기준을 확장해서 적용하면 좋겠습니다. 그러니까 플랫폼 노동을 특별한 노동으로 취급하지 말라는 겁니다. 플랫폼 노동자가 아니라 그냥 노동자다. 플랫폼 기업에서 일하는 노동자다. 그러니 노동관계법을 적용하자. 전속성을 전제한 기존의 기준은 21세기에 맞지 않으니, 이런 안 맞는 부분들은 확 넓혀서 노동자 개념과 사용자 개념을 넓히자는 겁니다. 그리고 아까 말씀드린 대로 알고리즘을 취업 규칙으로 본다면 공개가 맞아요. 취업 규칙은 반드시 공개하게 돼 있지 않습니까? 이런 식으로 기준을 확장하면 얼마든지 가능한데 왜 안 하느냐. 저희의 주장은 이런 쪽으로 맞춰져 있습니다.

안 자꾸 선을 그어서 누구를 배제하는 식으로 가지 말고, 실제로 일하는 사람들의 노동권을 어떻게 보장할 것인가에 초점을 맞춰야 할 것 같습니다. 그걸 오늘 배웠어요. 질문도 많고 다룰 내용도 많아서 이야기가 길어졌는데, 모두 수고하셨습니다.

방청객 4 오늘 유익한 정보들이 막 쏟아져 나와서 지금 다 암기하고 소화하기가 어려울 정도입니다. 좀 더 많은 사람들과 이 내용을 공유하면 좋겠습니다. 감사합니다.

기후위기에 대응하는 과정에서 산업 전환은 피할 수 없는 과제가 되고 있다. 이번 좌담에서는 자동차 산업의 전환에 초점을 맞추고 노동의 관점에서 이야기를 나눠 본다. 전기차 전환이 빠르게 진행되면서 내연기관 자동차를 생산하는 노동자들의 일자리가 위협받는 지금, 정부는 어떤 정책을 마련하고 있는가? 미래차와 그린뉴딜이라는 이름 아래 정부 지원은 특정 완성차 업체에 집중되는데 좋은 일자리를 만들 책임은 왜 강제하지 않는가?

2부

자동차 산업의 전환과 노동

오민규(오) 노동문제연구소 해방 연구실장
오기형(형) 금속노조 조사통계부장
최우리(최) 한겨레신문 기후변화팀 팀장
안진이(안) 사회자, 더불어삶 대표
방청객 1,2,3,4 더불어삶 회원들

안 안녕하세요. 저는 더불어삶 대표를 맡고 있는 안진이입니다. 오늘 초대 손님으로 세 분을 모셨습니다.

오 안녕하세요. 노동문제연구소 해방 연구실장 오민규입니다.

형 반갑습니다. 금속노조 조사통계부장 오기형입니다.

최 안녕하세요. 한겨레신문 기후변화팀 팀장을 맡고 있는 최우리입니다.

안 오늘 자리는 산업 전환 중에서도 자동차 산업 전환에 관해 이야기해 보려고 마련했습니다. 우선 한국의 자동차 산업이 어떤 구조고 어떤 특징을 갖고 있는지 짚어 보면 좋을 것 같아요.

옛날에 교과서에 나왔던 '수직 계열화'라는 용어가 기억나는데요. 이 수직 계열화가 자동차뿐 아니라 산업 전반에서 한국적인 특징인 것 같고요. 한국 자동차 산업에서는 부품사가 완성차 업체와 대등한 관계를 맺고 성장하는 게 거의 불가능하다고 알고 있습니다. '전속 거래'라든가 '단가 인하' 같은 독특한 관행도 있고요. 전문가이신 두 분이 보시기에 한국 자동차 산업은 어떤 구조입니까?

한국 자동차 산업의 특징 – 독점!

오 일단 한국의 자동차 산업이 다른 나라의 자동차 산업과 똑같은 점은 전후방 산업이 있다는 겁니다. 자동차를 판매하고 관리하는 산업을 전방 산업이라고 한다면, 앞으로 우리가 이야기를 많이 하게 될 자동차 제조 쪽이 후방 산업이 됩니다. 완성차는 약 2만 개의 부품으로 만들어지거든요. 2만 개의 부품을 다 납품받아서 완성차 업체에서 최종 조립하는 산업입니다.

이게 전 세계 자동차 산업의 공통점이라면, 한국만의 특징은 한국에서 생산되어 판매되는 차만 놓고 보면 현대차하고 기아차의 점유율이 86% 이상이라는 겁니다. 엄청난 독점이에요. 외국계 완성차 업체 3사인 르노삼성, 지엠대우, 쌍용차를 다 합쳐도 13% 정도 밖에 안 나오는 겁니다.

그래서 완성사-부품사 간의 교섭력을 따져 보면 현대차그룹이 압도적인 힘을 가지고 모든 걸 좌지우지합니다. 전속 거래라는 게 해외에서는 자주 볼 수 없는 시스템이에요. 현대차가 좋아하는 부품사들이 있고, 그런 부품사들과 전속 거래를 합니다. 심지어 현대차가 해외 공장을 지으면 그 부품사들을 데리고 동반 진출을 하죠. 이게 한국만의 아주 독특한 구조입니다. 그러다 보니까 한국 정부의 산업 정책, 특히 자동차 산업 정책은 "한국의 자동차 산업은 어떻게 어떻게 가야 한다."라고 쓰여 있지만 읽을 때는 "현대차의 발전 전략은 뭐다."라고 읽힐 수밖에 없습니다. 굉장히 독특한 구조라고 할 수 있죠.

일단 여기까지 제가 설명을 하고, 오기형 국장님께 넘기겠습니다.

형 결과적으로 부품사들이 독자적으로 생존할 수 없는, 생태계 아닌 생태계가 됩니다. 이게 문제의 핵심인 것 같아요.

노동조합의 입장에서 보면, 부품사 노동자들의 생활 조건 개선이라든가 임금 개선이라든가 노동 조건 개선이 전부 완성차 업체의 결정에 달려 있습니다. 예컨대 현대차에 납품을 하는 어떤 부품사가 현대차보다 '주간 연속 2교대'를 먼저 시행했다면? 노조 파괴 공작이 시작됩니다. 그 부품사의 노동조합을 아주 조직적으로 파괴하는데, 거기에 현대차 노무팀이 암약합니다. 그런 구조이기 때문에 부품사 노동자들이 굉장히 큰 용기를 가지지 않으면 노동 조건 개선 요구를 하기도 쉽지 않아요. 이게 부품사 노동자들에게 미치는 영향이고요.

부품 산업에 미치는 효과를 보자면, 전속 거래에서는 도면과 관련된 문제가 많습니다. 부품사들이 만든 부품을 완성차 업체

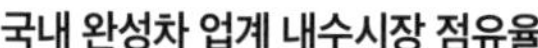
국내 완성차 업계 내수시장 점유율

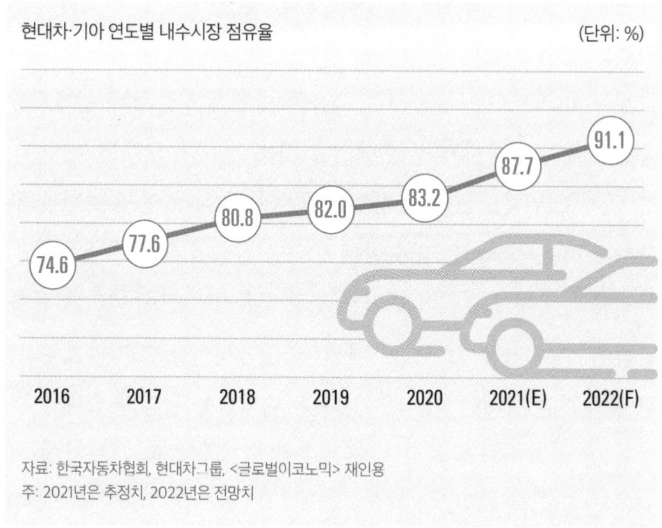

가 사 가지고 그것에 맞게 설계를 하는 방식도 있어요. 이건 부품사가 주도권을 행사하는 방식이고요. 다른 형태도 있어요. 완성차가 설계를 다 해 주고, 부품사가 그곳의 도면을 아예 받아서 그 도면대로만 만들어 주는 겁니다.

안 도면의 소유권이 중요한 건가요?

형 기본 설계나 상세 설계를 누가 하는지, 그래서 도면 소유권을 누가 갖는지에 따라 대략 4가지 가지 형태가 있어요.

부품사의 독자성이 가장 높은 형태가 '시판품' 방식입니다. 시판품 방식은 부품사가 부품을 기획·개발하고 그걸 완성차 업체에 팔면 완성차 업체가 자사 제품으로 채용하는 거예요. 그다음 독립적인 형태가 ‘승인도’ 방식이에요. 여기서 도圖는 도면이지요. 승인도 방식은 완성차 업체가 기본 설계를 하면 부품사가 상세 설계를 하고 도면은 부품사가 소유해요. 완성차가 상세 설계도를 승인해 주고 부품사가 품질 책임을 지는 겁니다. 그리고 ‘위탁도’가 있어요. 위탁도는 기본 설계를 완성차가 하고 상세 설계를 부품사가 하는 것까지는 비슷한데 도면을 완성차 업체가 소유해요. 완성차 업체에 소유권이 넘어간 채로 부품사가 그에 따라 부품을 만들어 주는 거라 승인도에 비해 더 종속적이죠. 마지막으로 가장 종속적인 형태는 ‘대여도’입니다. 대여도는 완성차 업체가 부품의 상세 설계까지 하고 당연히 도면도 소유해요. 부품사에 그 도면을 빌려주는 개념이죠.

핵심은 누가 설계하느냐인데, 우리나라에서 위탁도나 대여도 방식이 37% 정도, 승인도 방식이 60% 정도에 달해요. 시판품 방식은 2.4%에 불과해요. 현대차가 설계하는 비율이 굉장히 높은 거예요.

안 새로운 용어를 많이 알았네요. 부품 업체들이 단순 위탁생산 업체에서 더 나아가지 못하고 있다는 느낌이 들고요.

형 부품사도 처음부터 그걸 원하지는 않았을 겁니다. 하지만 원청이 자기 입맛에 맞는 설계가 아니면 채택을 안 하고, 다른 판로가 없으니까 그 설계에 맞출 수밖에 없었던 거겠지요. 그런 식의 시장이 유지되면서 우리나라 부품사들은 독자적인 설계 능력이나 기술을 혁신하는 능력이 점점 취약해집니다.

그러니 원가를 절감하는 능력만 발달해요. 이게 생산 기술이거든요? 생산 관리 능력만 굉장히 고도화되죠. 부품사가 기술혁신 역량이 취약하고 생산혁신 역량만 커지는 방식으로 계속 불균등하게 성장을 했던 거죠.

부품사가 원청에 강하게 종속되어 있기 때문에, 만약 원청이 갑자기 손을 떼고 '앞으로 거래 못 합니다.'라고 한마디만 해도

공급 독점과 수요 독점의 영향에 관한 이론적 설명

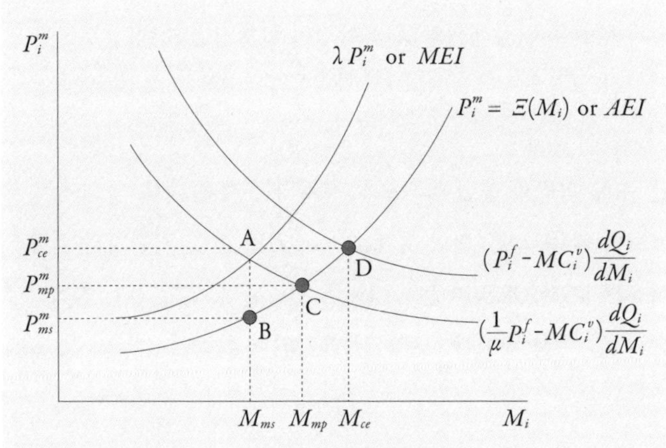

monopoly는 공급 독점을, monopsony는 수요 독점을 의미한다. 중간재 시장이 경쟁적이라 할지라도 최종재 시장에 공급 독점이 있는 경우 납품 단가는 $P_{ce}^m - P_{mp}^m$ 만큼 하락하고 납품 물량은 $M_{ce} - M_{mp}$ 만큼 감소한다.(점 D → 점 C) 여기에 중간재 시장의 수요 독점까지 가세할 경우 납품 단가는 추가적으로 $P_{mp}^m - P_{ms}^m$ 만큼 하락하고 납품 물량도 추가적으로 $M_{mp} - M_{ms}$ 만큼 감소한다.(점 C → 점 B) 최종재 수요곡선은 우하향하므로 최종재 생산이 줄어들면 최종재 가격이 올라간다. 결국 소비자는 더 높은 가격에서 더 적은 양의 최종재를 소비하게 된다.

자료: 김배근, 〈대기업 노사 및 협력업체 사이의 기능별 소득분배에 관한 이론: 원청-하청 구조를 중심으로〉, 《경제학연구》, 67권 3호, 한국경제학회, 2019.

부품사는 감당하기 어렵습니다. 지금 자동차 부품 산업은 그런 상태라고 보시면 되고요.

또 소비자들에게도 영향이 있습니다. 미시경제학 용어로 생산 요소 시장, 그러니까 완성 제품을 만드는 데 필요한 생산 요소들을 거래하는 시장에서도 현대차가 수요를 독점하고 있는 거죠. 그러니까 현대차 말고는 판매할 데가 없는 상태고요.

조금 전에 점유율을 말씀하셨는데, 현대차의 시장 점유율은 공급 독점을 의미합니다. 공급 독점이기 때문에 가격도 독점 가격을 형성하고 유지할 수 있지요. 생산 요소 시장에서의 수요 독점과 생산물 시장에서의 공급 독점이 합쳐지면 소비자 후생이 확 떨어집니다.

안 수요 독점과 공급 독점으로 정리되는 것 같네요. 즉석에서 찾아보니 자동차산업협회 통계로는 2021년 현대·기아차의 점유율이 87.7%고 2022년에는 91.1%로 전망된다고 합니다. 엄청나네요. 이런 독점 체제가 오랫동안 유지되어 왔는데 정부의 세제 지

퀴즈

한국 자동차 산업의 특징은 현대차그룹이 내수시장을 독점하고 있다는 것이다. 이러한 독점의 영향이 아닌 것은?

① 서비스 개선의 필요성을 느끼지 못한다.
② 혁신의 유인이 낮아진다.
③ R&D 투자액이 증가한다.
④ 나머지 완성차 업체들의 연구 개발 여력이 떨어진다.

정답: ③

원 등 각종 혜택도 1위 업체에 몰아주고 있습니다. 다른 산업도 이런 식으로 하나의 기업이 독점하고 있는 분야가 있나요?

오 조선 산업을 생각해 보면, 배는 우리 같은 사람들이 구입하는 물건은 아니잖아요. 배를 사는 사람은 갑부 아니면 거대 해운사들이죠. 그래서 그게 독점 구조를 갖고 있다고 해서 특별한 문제를 일으키진 않죠. 구매자는 어차피 외국의 바이어들이니까요. 그런데 자동차 같은 소비재 생산에 이런 독점이 있느냐고 하면……, 글쎄요. 미국만 가도 이런 독점 기업이 있으면 현대차하고 기아차 정도는 갈라 버립니다. 이 정도면 반독점 규제를 해야 한다는 거죠. 그래서 한국 자동차 산업이 굉장히 독특한 구조를 갖고 있다는 거고요. 이게 소비자 후생에 과연 도움이 되는 일일까요?

현대차가 가진 독점의 힘이라는 개념을 다시 설명드리고 싶은데요. 현대차가 독점 가격, 그러니까 비싼 값을 받고 차를 팔지는 않습니다. 대신 부품사에서 2만 개의 부품을 받아 오면서 단가를 후려치는 겁니다. 단가 후려치기를 하면 자동차 가격을 아주 높게 형성하지 않고도 이윤을 남길 수 있는 구조가 되거든요.

안 소비자 가격을 올리는 대신 생산 원가를 낮추는 방식이네요.

오 그렇죠. 그리고 대규모로 비정규직을 고용한다든지, 아니면 수직 계열화로 1차 하청, 2차 하청, 3차 하청 이렇게 계속 내려가는 방식으로 단가를 내려요. 그래서 현대차가 실제 자동차를 판매할 때는 가격을 어느 정도 낮출 수 있는 힘을 가지고 있는 거죠. 현대차의 독점을 말할 때는 이 지점이 중요합니다.

요즘 미국에서는 아마존을 두고 '반독점의 역설(Antitrust Paradox)' 같은 개념이 많이 이야기되잖아요. 그런데 한국 사람들은 아마존의 독점을 보면서 아주 새로운 일로 받아들이지 않습니다. 왜냐하면 재벌이 이미 그걸 하고 있어서 그래요. 아마존이 물건을 싸게 팔면서 독점을 추구하는 것과 같은 힘을 현대차가 가지고 있습니다. 요약하면 부품사 후려치기 또는 대규모 비정규직 사용에서 나오는 힘이라고 할 수 있죠.

형 물건을 무조건 싸게 만들기 위해서 쥐어 짜내는 힘이지요. 이 힘은 생산물을 압도적인 숫자로 공급할 수 있는 힘에서 나오고요. 독점이니까 가격을 아주 높게 고정시켜서 판매한다, 뭐 이런 도식적인 개념은 아니라는 겁니다.

독점 재벌의 막강한 힘과 노사관계

안 알겠습니다. 아까 오기형 부장님이 잠깐 언급을 하셨던 노사관계 측면으로 넘어갈게요. 산업 전환이 이슈가 되기 전에도 자동차 산업의 노사관계는 정상적이지 않았던 것 같습니다.

현대차는 이미 비정규직 100% 공장을 만들었고요. 또 부품사

반독점의 역설 미국 연방거래위원장 리나 칸이 2017년에 발표한 논문에서 제시한 개념. 아마존은 시장 지배력을 이용해 가격을 올리기보다 오히려 가격을 낮춰 소비자를 독점하는 행태를 보이는데, 리나 칸은 아마존 같은 기업들의 이러한 행태가 단기적으로는 소비자에게 이익인 것처럼 보이지만 장기적으로 시장의 다양성을 떨어뜨리고 결국 소비자에게 피해를 입힌다고 지적한다.

노사관계에 서슴없이 개입하는 모습을 보였어요. 부품사 중 하나인 유성기업 같은 경우는 현대차가 작성한 문건이 발견되어서 재판도 받았잖아요.

한국 자동차 산업의 노사관계, 여기에 대해 두 분 하실 말씀 많으시죠?

오 이 대목에서 드리고 싶은 말씀이 있어요. 현대차든 삼성전자든, 한국의 제조업 재벌들의 힘은 어디서 나오느냐 하는 겁니다. 재벌개혁 주장하시는 분들은 상호출자 등 지배구조의 문제를 많이 말씀하시지만 저는 조금 다르게 봅니다.

제조업 재벌들의 힘은요, 자동차 같으면 2만 개의 부품을 언제 어떤 상황이 벌어지든 안정적으로 수급해서 완성차를 만들 수 있는 그 힘입니다. 재벌이 그런 힘을 가지고 있으면 국가 경제를 좌지우지하게 되거든요.

이를테면 어느 부품사에서 문제가 생길 수 있잖아요? 천재지변이 발생할 수도 있고, 파업이 있을 수도 있고, 혹은 불이 날 수도 있고요. 사실 자동차는 부품 2만 개 중 하나만 빠져도 생산이 안 되니까 문제죠. 그럴 때 어떻게 안정적으로 부품을 납품받을 수 있느냐, 이게 굉장히 중요한 영향력입니다. 반도체 관련 업종에서도 마찬가지인데요. 이 힘이야말로 재벌이 가진 가장 막강한 힘이고 한국 경제를 좌지우지할 수 있는 바탕이라고 생각합니다.

현대차는 유성기업처럼 아예 노조를 때려잡는 방식으로 협박하거나 아니면 그 부품을 이원화 내지 삼원화합니다. 재벌이 '너희 말고도 다른 데서 얼마든지 부품 받을 수 있어.'라고 하면 현장 노동자들 입장에서는 공포를 느끼죠. 다른 건 몰라도 납품선이 끊어지는 건 노동자들이 자기 사장을 상대로 파업이나 교섭을 해서 해결할 수 있는 문제가 아니니까요. 그러면 회사 자체가 어려운 상황으로 빠져들 텐데 정말 그렇게 되면 어떡하나 싶고……. 그래서 노동자들 스스로 노동권 행사를 주저하게 되기도 합니다.

그게 현대차가 계속 납품사와의 관계를 만들어 온 방식입니다. 유성기업 같은 경우는 사실 본보기로 때려잡은 거예요. '우리가 어느 정도까지 힘을 동원할 수 있는지 보여 주겠다.'라는 거였죠. 그런 식으로 2,000명에서 3,000명 규모인 중견기업 사업장

유성기업 노조 파괴 사건

유성기업은 현대자동차에 피스톤링 등의 제품을 납품하는 업체다. 2011년 금속노조 소속의 유성기업 노동조합은 기존의 주야 2교대 작업 환경을 주간 연속 2교대(즉 하루 3교대)로 바꿔 과로사를 방지할 것을 요구했다. 사측이 거절하자 노조는 파업에 들어갔다.

유성기업은 이 기회에 노조를 파괴하고자 노무컨설팅 업체인 창조컨설팅의 손길을 빌렸다. 우선 사측은 직장 폐쇄를 감행한 뒤 용역 깡패를 고용, 농성 중이던 노동자들을 폭력적으로 끌어냈다. 또 사측은 2011년 7월 1일 시행된 복수노조법을 이용, 어용노조를 만들어 민주노조 와해를 시도했다. 이 과정에서 극도의 스트레스에 시달리던 2명의 노조원이 스스로 목숨을 끊는 일까지 벌어졌다. 그리고 이 모든 노조 파괴 과정을 현대자동차 본사에서 진두지휘한 정황이 나왔다. 현대자동차 임직원들이 유성기업에 어용노조 가입자 수치를 구체적으로 제시했으며, 매주 유성기업과 창조컨설팅으로부터 보고를 받았다고 한다.

유성기업의 전 회장 유시영은 2017년 노조법과 근로기준법 위반으로 1년 2개월 동안 복역했고, 유성기업에 노조 파괴 컨설팅을 제공한 창조컨설팅의 심종두 등도 대법원에서 유죄 판결을 받았다. 노조 파괴에 관여한 현대자동차 임직원들은 2020년 11월 2심에서 집행유예 판결을 받았다.

들을 2010년대 초반에 다 때려잡았습니다. 노동조합의 힘이 어느 정도 발휘될 수 있는 중견기업들이요.

이렇게 공급망 전체를 장악해 들어가는 능력! 만에 하나 비상 상황이 발생해서 현대차라는 기업을 누군가 인수해야 된다고 쳐도 이 능력은 새로운 인수자가 가질 수 없어요. 이건 새롭게 구축해야 되는 힘입니다. 심지어 정부가 다 국유화를 한다 쳐도 마찬가지예요. 납품망을 유지, 관리하고 어떤 경우에도 공급이 끊기지 않도록 하는 힘은 현대차 재벌에게만 있습니다. 그걸로 한국 경제를 좌지우지하면서 하나의 권력이 되는……. 저는 재벌의 힘은 그런 데서 나온다고 생각하는데, 이 힘이 노동자들의 권리를 제약한다는 걸 말씀드리고 싶어요.

형 문서로 확인한 건 없지만, 유령처럼 떠도는 말 중에 '양재동 임금 가이드라인'이라는 게 있어요.

안 양재동이라면 현대차 본사 사옥을 가리키는 거죠?

형 네. 원하청 구조에서 1차, 2차, 3차…… 이렇게 위계가 있잖아요. 계열사 내에도 그런 위계가 있고요. 예를 들어 현대차가 임금을 100원 올리면 그 아래에 있는 업체는 80원을 올리고, 또 그 아래는 그보다 적게 올리고……. 이런 식으로 피라미드의 맨 밑까지 내려갑니다. 그러면 아래쪽에 위치한 계열사들은 현대차 노사가 합의한 금액 이상으로는 임금을 올리고 싶어도 못 올리거든요. 계열사의 노사관계 중에 임금 관련된 부분은 그런 식으로 영향을 미치는 거고요.

계열사가 아닌 업체들에게는 임금 가이드라인 같은 걸 강제할 수는 없지만, 원가 절감을 요구하는 CR^Cost Reduction^을 통해 노동자들의 임금을 통제합니다. 원청이 '당신들 노동자 임금을 많이 올려 줬어? 우리 현대차보다 많이 올려 줬는데?' 이러면서 납품 단가 인하를 더 많이 요구하는 방식이지요. 이런 식으로 계열사가 아닌 업체들의 노사관계에도 영향을 미칩니다.

그럼, 이게 노동자들의 힘으로 해결할 수 없는 문제인가? 적어도 이렇게 개별화된 상태에서는 노동자들이 뭔가를 변화시키기가 매우 어렵습니다. 그래서 현대차도 초기업적인 노사관계가 아니라 개별 기업 차원의 노사관계를 만들기 위해 오랫동안 공을 들였어요.

노사관계를 거시적으로 보더라도 일단 금속노조 산별 교섭에 현대차가 들어오지 않잖아요? 완성차 자본의 완강한 태도에 막혀서 2006년 이후부터 지금까지 현대차를 금속노조 산별 교섭에 참가시키지 못하고 있죠. 이걸 금속노조가 돌파해 내지 못해서 간혹 '무늬만 산별'이라는 비아냥을 듣기도 하는데요……. 다양한 요소들이 복합적으로 작용하겠지만, 현대차가 가지고 있는 힘들이 한국의 노사관계가 산별로 나아가지 못하게 막고 있는 측면도 아주 중요한 지점입니다.

안 원청이 하청의 영업이익률을 다 정해 준다는 건 오래된 얘기잖아요? 이렇게 종속적인 원하청 관계가 용인되는 한국에서 시장을 독점한 상태로 사업을 한다는 것이 현대차의 경쟁력일 테고요.

오 부품사에선 현대차 구매 파트를 거의 저승사자로 인식하죠.

안 네. 유성기업의 노사관계에 개입했던 것도 현대차 부품 구매 부서였던 걸로 기억합니다. 이름은 부품 구매 부서인데, 부품의 질을 높이기 위해 노력하는 게 아니라 부품사 노조를 없애려고 공작을 했던 거예요.

미래차란? 부품은 어떻게 달라지나?

안 이제 오늘의 중요한 주제로 넘어갈게요. 미래차 전환이 세계적인 흐름인 건 분명한데, 미래차란 무엇인가요?

오 미래에 나올 차? (웃음)

방청객1 날아다니는 차? (웃음)

오 미래차의 정의를 이야기할 때 'CASE'라고 약자로 네 글자를 사용합니다. C는 Connected, 즉 연결입니다. 차량이 신호등과 연결되고, 각종 인프라와 연결되고, 차량끼리도 연결되는 겁니다. 요즘 스마트폰하고 연결하는 건 기본이고요. A는 Autonomous 입니다. 자율주행이죠. 다음에 S는 공유(Shared)로 차량 공유와 관련한 서비스 산업인데, 요즘 감염병 공포 때문에 차량 공유 산업이 타격을 받아서 S를 Shared보다는 Service라고 쓰는 경우가 많아요. 그러니까 전통적인 제조업만이 아니라 서비스 사업하고 융합하는 과정이고요. E는 Electrification로 전동화, 즉 전기차를 말해요. 보통 이렇게 4가지로 이야기합니다.

미래차의 개념과 코로나19 대유행의 영향

Connected	등속	기존의 변화속도를 그대로 유지하고 있음
Autonomous	일시정차	막대한 현금 투자가 필요해 조금 늦춰지고 있음
Shared	급감속	코로나19 감염 우려로 차량 공유사업 엄청난 타격 입고 있음
Electrification	가속	코로나19 대유행에도 상당한 속도로 성장하고 있음

형 현대차에서는 CASE에서 S를 M으로 바꿔 가지고 'MECA'라고도 합니다. MECA는 Mobility(이동성), Electrification(전동화), Connectivity(연결성), Autonomous(자율주행)이고요. 미래차 개념은 단지 제품 생산에 그치는 것이 아닙니다. 여러 사람이 차량을 공유(S)하는 데 그치는 게 아니라 사람과 물류의 이동 전체를 통합하고 이동의 전 과정에서 서비스를 제공한다는 개념을 가장 앞에 내세우겠다는 거죠. 예컨대 차를 소유하는 게 아니라 이동의 구체적인 필요에 따라 그에 맞는 차를 구독합니다. 그리고 기존에는 이동하다 멈추고 여기저기 들러서 해야 했던 일들을 이동 중에 처리하게 되는 거죠. 날아다니는 차도 그렇고 목적 기반 모빌리티도 그렇고요.

안 제조업과 서비스업의 융합이고, 지금도 계속 변화하는 중이다, 이렇게 요약되겠네요. 최우리 기자님께서는 산업 전환이나 미래차 전환 취재를 직접 하신 적이 있나요?

최 네. 저도 산업 전환에 대한 기사를 쓴 적이 있습니다. 기후위기와 인권이라는 주제로 신년 기획을 해서, 석탄 화력발전 노동자들과 자동차 부품 업체, 스키장에 계신 분들 등 다양한 직종의 사람들을 만나려고 노력했습니다.

사실 저희 기후변화팀은 에너지 쪽에 업무가 워낙 많아서, 산업 전환과 관련된 노동 문제는 노동 담당 기자들이 다뤄 줬으면 좋겠다는 생각도 해요. 노동자들의 미래와 직결되는 문제여서 기사를 많이 쓰고 싶은데, 여건상 많이는 못 쓰고 있어서 조금 안타깝기도 합니다.

미래차와 관련해서는…… 마침 저희 집 앞에 자동차 고등학교가 있어서요. 학생들이 산업 전환을 앞두고 뭘 배우고 있는지 궁금해서 가서 만나 본 적이 있고요. 그리고 지금 말씀하신 자동차 부품 업체들이 준비가 많이 안 된 채로 전환 과정을 맞이하게 될 텐데, 어떤 고민들이 있고 어떤 대책이 필요한지를 취재했습니다. 그러면서 겉핥기식으로나마 자동차 산업을 조금 이해하게 됐습니다. 물론 저는 기후변화팀이니까 기후변화에 대한 대응 속에서 어떤 게 필요한가에 초점을 맞췄지요.

저도 미래차의 개념이 궁금해서 고등학생들에게 물어봤더니 '날아다니는 차' 같은 막연한 이야기를 하더라고요. 전기차, 수소차도 아니고 자율주행차도 아니고 그냥 날아다니는 차라고 생각하는 친구들이 있었어요.

안 체계적으로 교육이 이루어지고 있는 것 같지는 않네요.

최 전혀 아니에요. 그 내용을 기사로 썼습니다. 교육이 안 되고 있는 현실을요.

방청객 3 미래차를 기존 자동차와 완전히 다른 상품으로 이해해도 될까요?

형 겹치는 부분이 많기 때문에 완전히 다르다고 이야기하기는 애매하고……. 전후방 산업이 크게 변하고 있긴 하지만 아주 근본적으로 변하지는 않는다고 봐요.

물론 전방이 서비스 쪽으로 굉장히 많이 옮겨져서…… 이동 수단이 본질이냐, 아니면 이동하는 시간을 향유하는 것이 본질이냐라는 질문을 던질 수는 있겠죠. 자동차가 단순히 빠르게 이동하는 수단에서 훨씬 더 많은 일을 할 수 있는 수단으로 바뀝니다. 예를 들면 차를 타고 지나가는데 내가 지나간 상점이랑 커넥트가 돼 있으면 그 상점에 있는 물건을 보고 바로 그 자리에서 주문하는 거예요. 자동차를 이용하는 양상이 많이 달라집니다.

아까 말한 CASE의 S 혹은 MECA의 M, 모빌리티와 비슷한 이야기인데, 현대차 입장에서는 대중교통을 다 장악하려는 야심을 품을 수 있어요. 우리가 집에서 나와서 목적지까지 가는 동안 모든 이동 수단과 관련한 서비스를 총체적으로 제공하는 체계를 현대차가 가지려고 할 겁니다. 차를 고객한테 팔지 않고 중간에서 서비스를 제공하는 모빌리티 업체한테 팔고 모빌리티 업체가 이동 서비스를 제공하는 거지요. 그런 모빌리티 업체들이 대중교통의 일부를 이룰 것이고요.

최 저도 취재 과정에서 만난 전문가들과 자동차 고등학교 학생들에게 비슷한 질문을 해 봤거든요.

전문가들은 자동차 산업은 이제 제조업이 아니라 서비스업이라고 말씀하시더라고요. 전환 과정에서 노동자들은 소프트웨어를 다룰 수 있는 능력을 요구받을 거라고요. 현대차에서는 소프트웨어 인력 위주로 채용을 많이 할 거기 때문에 지금 고등학생들이 준비하는 것과 괴리가 크다. 그래서 정부가 빨리 교육을 하고 준비를 시켜야 한다고 해요. 현장에서도 재교육 요구가 많다고 합니다.

제가 학생들을 만났을 때 들은 말들 중에 인상적이었던 게 '기자님 그래서 저희는 가급적 미래에도 유행을 타지 않는 차체라든가 차량 검사 이런 걸 공부하려고 해요.'라는 대답이었어요. 전기차에는 기존 자동차의 엔진이 빠지고 모터가 들어가는데 사실 이 모터는 자동차 고등학교에서 가르쳐 주지 않거든요. 거기 계시는 선생님들도 모터에 관해 배운 게 없기 때문이죠. 그래서 고등학생들이 테슬라가 내놓은 유튜브를 보고 공부한다고 했어요. 어이가 없죠. 국가에서 이 사실을 알면 지금이라도 당장 빨리 지원을 해야 되는데 그런 게 없으니까 학생들이 불안한 거예요. 나중에 자기 일자리가 없을까 봐 걱정이 되고요. 그런 걸 현장에서 보면서 저는 문제가 굉장히 많다고 느꼈어요.

방청객1 정부도 모터에 대해 모르는 거 아닐까요?

최 정보를 가장 많이 가진 곳이 현대차겠지요. 그러니까 정부가 현대차를 압박해서 그들이 움직이도록 해야겠죠. 지금처럼 현대차만 지원하는 방향이 아니라요.

안 그러면 CASE 중에 전환 속도가 가장 빠른 게 전기차인가요?

오 네.

안 전기차 전환은 유럽이 가장 빠른 것 같아요. 노르웨이 같은 나라는 이미 전기차가 80%라고 하고요. 유럽 국가들은 몇 년까지 내연기관을 중단한다는 식의 계획표도 마련해 놓았더라고요. 문재인 정부는 “2030년까지 미래차 경쟁력 1등 국가가 되는 것”이 목표라고 발표했는데(2020년 1월), 미래차 전환은 잘되고 있는 겁니까?

형 미래차로 넘어가는 데서 한국이 강점이 있는 분야가 있고 그렇지 않은 분야가 있을 텐데, 분명한 건 뒤처지는 분야들이 있다는 겁니다. 커넥티드Connected 같은 부분에서는 강점을 살리는 모습이고요. 전기차와 관련해서는 배터리는 어떤지 모르지만 차를 굴리는 데서는 먼저 치고 나가지 못했어요. 그러니까 수소차로 돌리는 등 다른 방향들을 모색하고 있는 걸로 보입니다.

오 전기차로의 전환을 부추긴 건 사실 규제입니다. 이산화탄소(CO_2) 배출 규제가 없었으면 전기차를 안 만들었겠죠. 탄소 배출량이 어느 정도 되면 탄소 부담금 같은 이름의 벌금을 매긴다고 하니까 전기차를 만들게 되었습니다.

탄소 배출 규제가 가장 강한 유럽에서 2020년에 새롭게 도입됐는데요. 그전에 2019년에 조사를 했어요. 규제가 진행되면 어디가 부담이 가장 큰가를 봤더니 도요타는 거의 부담이 없었어요. 왜냐하면 도요타는 전기차는 없고 거의 모든 차에 하이브리드 버전이 있었거든요. 반면 폭스바겐은 무지막지하게 벌금을 내야 하는 상황이었어요. 영업 이익의 거의 20%, 30%만큼 내야 되니까 위기감을 느꼈어요. 역설적으로 폭스바겐은 그래서 빠르게 전기차로 가고 있는데, 도요타는 아직도 순수 전기차가 없습니다. 자기들은 전환을 안 해도 되니까요. 폭스바겐은 살아남기 위해서 전환을 해야 돼요.

문제는 전기차를 팔아서 이윤이 남느냐는 건데, 아직 이윤이 남는 수준은 아닙니다.

안 보조금을 줘도 그런가요?

오 현대차만 봐도 팰리세이드 팔아서 이윤을 남기지, 아이오닉 팔아서 이윤을 남기는 게 아니니까요.

그런데 코로나19 대유행이 오고 전기차 판매량이 늘어나니까, 잘만 하면 이윤이 생길 것 같거든요. 그래서 자본도 전환에 박차를 가하는 거죠. 그래서 속도가 나고 있고요. 중요한 건 아까 현대차 재벌이 가지고 있는 힘의 원천에 대해서 말씀드렸잖아요. 여기에 문제가 생긴 거죠.

무슨 문제냐 하면요, 이제 부품이 크게 달라집니다. 기존의 내연기관차 부품이 아니라 전기차 부품이 필요해요. 완전히 달라진다기보다 핵심에 해당하는 부품이 달라집니다. 엔진과 변속기, 연료탱크가 아니라 배터리가 핵심이죠.

배터리가 가격, 성능, 안전성을 다 좌우하기 때문에 배터리의 모터와 각종 전자 부품들이 핵심이에요. 이 새로운 핵심 부품들을 안정적으로 수급해야 하잖아요. 그런 새로운 생태계를 만드는 일이 현대차 입장에서 가장 중요합니다.

이건 현대차만이 아니고 전 세계 자동차 제작사들이 다 그렇습니다. 전기차 부품 생태계를 만들어야만 전기차를 생산할 수 있기 때문이지요. 그래서 다들 전기차는 자국에서 만들려고 해요. 현대차가 전기차를 어디에서 만들 것 같습니까?

방청객 2 한국에서 만든다는 말씀이겠죠? (웃음)

오 네. (웃음) 전기차가 한국보다 유럽에서 더 많이 팔리긴 해요. 체코에 공장이 하나 있고 거기서 전기차를 생산하기는 하는데, 체코 공장 말고는 전부 한국에서 제작합니다.

지엠은 미국에서만 전기차를 만들어요. 남미나 한국에서 안 만들죠. BMW와 폭스바겐도 전기차를 모두 독일에서 만들어요. 세계화하고는 조금 다른 경향이에요. 해외로 생산기지를 옮겼을 때 그곳에서 배터리 모터를 어떻게 공급받을 건지가 불명확하면 안 됩니다. 그래서 우선 자기 나라에 생태계를 만듭니다.

자동차 주요 생산국은 전기차 부품 인프라를 갖추기 위해서 전력을 기울입니다. 정부 차원에서 달려들어요. 특히 유럽은 디젤차 같은 것은 잘 만들지만 배터리 산업 자체가 없거든요. 지금 유럽에서 전기차가 가장 많이 팔린다고 하는데, 유럽 전기차에 들어가는 배터리의 90%를 한국이나 중국 업체에서 공급해요. 그래서 유럽 정부들, 아니 유럽연합이 앞장서서 무조건 유럽에 배터리 산업을 유치해서 자급자족하려고 난리입니다. 각국 정부가 투자해서 유럽연합 차원에서 프로젝트를 진행해요. 생산지 주변에, 자기 나라에 생태계를 갖추려는 노력입니다.

얼마 전에 테슬라의 일론 머스크가 폭스바겐 임원 회의에 나타나서 "폭스바겐 잘하고 있다."고 응원했잖아요. 아마 일론 머스크는 현대차에 와서도 그러고 싶을 거예요. 자기가 독일에서 차를 팔려면 독일에 부품 생태계가 만들어져야 되는데 그 역할을 누가 하고 있나요? 독일 기업들과 독일 정부가 하는 거죠. 한국도 마찬가지입니다. 현대차와 한국 정부가 전기차 부품 생태계를 만들기 위해서 엄청난 돈을 쓰면서 노력해요. 전기차 부품 생태계

내연차와 전기차의 주요 부품 비교

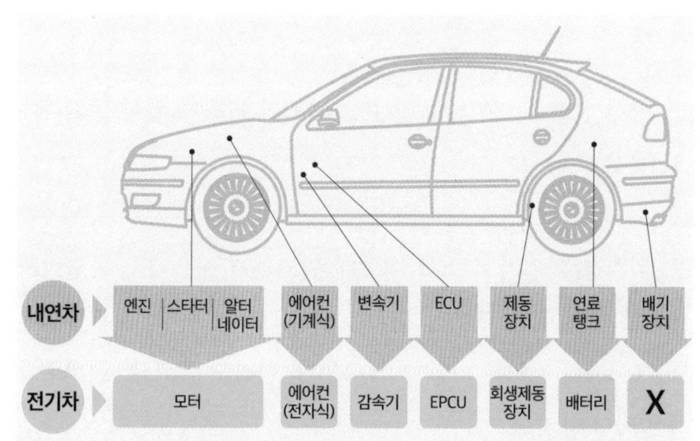

자료: 민주노총 금속노조

엔진(전기 모터로 대체), 변속기(가볍고 단순한 구조의 감속기로 대체), 제동 관련 부품(브레이크패드 등의 교환 주기가 길어짐), 4륜 구동 관련 부품(전기차는 전자제어 사용), 연료탱크(전기차는 연료 대신 배터리 사용), 배기 시스템(전기차는 배출가스가 없음) 등의 부품이 사라지거나 줄어든다.

퀴즈

미래차 전환 과정에서 부품이 달라진다!
따라서 새로운 부품 ○○○가 만들어져야 한다.

정답: 생태계

가 만들어지면 테슬라가 들어오기가 쉬워지고요. 그래서 지금은 이런 지점들이 세계적으로도 그렇고 한국에서도 전환의 핵심을 차지하고 있는 걸로 보입니다.

한국 정부는 왜 수소차를 띄웠을까?

방청객 2 말씀을 듣다 보니 궁금한 게 있습니다. 세계적으로 전기차가 대세인데 한국 정부에서는 수소차를 적극적으로 밀어주고 있잖아요. 왜 그럴까요?

오 어제 원희룡 의원하고 홍준표 의원이 싸웠던 일이 생각나네요. (웃음)

안 원희룡 의원이 수소를 어떻게 만드는지 아느냐고 물으니까 홍준표 의원이 잘 모르겠다고 '수소가 H_2O인가?'라고 대답했지요. 그랬더니 원희룡 의원이 'H_2O는 물'이라고 했고요. 웃어야 할지 말아야 할지.

형 수소차를 띄우는 건 아주 좋게 본다면 위험을 분산하기 위해서라고 봐줄 수도 있어요. 지금은 한국 배터리가 잘나가고 있지만, 지난 2021년 8월인가 9월에 배터리 공급 과잉에 대한 우려가 잠깐 나왔거든요. 지금 세계적으로 배터리 설비가 확충되고 있는데 설비 총량이 수요와 잘 맞지 않으면 공급 과잉 문제가 생길 수 있다는 겁니다. 시장이 전기차로 넘어가는 속도를 수요가 따라가지 못하는데 그보다 훨씬 많은 배터리가 공급된다면 어떻게 되느냐라는 공포가 있어요. 공급 과잉이 되면 가동률이 계속 떨어지고, 노동자들은 구조조정을 당하고, 설비가 계속 매각되는 식의 악순환이 발생할 수 있으니까요.

그렇다고 수소차가 그런 위험을 돌파해서 부흥을 일으킬 만한 분야냐 하면, 그럴 것 같지는 않습니다. 수소 인프라를 국가가 다 조성하고 지원하려면 어마어마한 돈이 들어요. 그래서 수소에 올인하는 정책은 현대차 밀어주기라는 의심을 가지기에 충분하죠.

오 저는 좀 심하게 얘기하면 정부의 수소에 대한 계획이나 대처들은 사기에 가깝다고 생각해요. 말이 안 되거든요. 일단 수소 경제가 아니라 수소차 경제 이야기를 하고 있어요. 수소차 경제는 수소 경제하고 완전히 다른 얘기고요.

전 세계에서 수소차를 가장 많이 보유하고 있고 수소차가 가장 많이 팔리는 나라가 어디일 것 같습니까? 한국이에요. 그런데 국내에서 수소차 많이 보셨어요?

한국 다음이 중국이에요. 한국, 중국, 일본에 수소차가 그나마 돌아다니는 편입니다. 다른 나라들에도 수소차가 있긴 있지만 몇 대 없고요. 전 세계에 지금 수소차가 3만 대 정도 돌아다닐 것 같네요.

국제적으로 3가지를 전기차로 보거든요. 완전 배터리만 쓰는 배터리 전기차, 그다음에 플러그인 하이브리드. 그리고 수소전기차. 이렇게 3가지 또는 3종류인데, 이 3가지를 합친 전체 수량에서 수소차가 차지하는 비중이 1%가 안 됩니다. 그러니까 한국이 전 세계에서 수소차를 가장 많이 보유하고, 가장 많이 팔리는 곳이라는 말은 과장된 뻥이라는 겁니다. 뻥을 쳐도 적당히 쳐야죠.

현대차도 수소차 업체로 잘못 알려져 있어요. 명백하게 잘못된 정보입니다. 현대차는 배터리 전기차를 만드는 거고, 수소전기차 생산 계획은 얼마 안 됩니다.

그리고 수소차는 배터리가 들어가고, 발전기를 하나 싣고 다니는 차입니다. 발전 에너지원인 수소를 싣고 다녀야 하니까 작은 차에 적용하기는 어려워요. 차라리 장거리를 운행하는 상용차나 대중교통 수단으로는 수소차가 적당할 수도 있습니다.

한국에 수소차가 가장 많다고 하지만 수소차 충전소가 몇 개나 있을 것 같아요? 2021년에 조금 더 지어서 10여 개인 걸로 알고 있습니다. 수소차 충전소 하나 지으려면 20억 원이 들어가요.

안 문재인 정부는 그 인프라를 깔겠다는 거였잖아요? 2050년까지 수소 충전기를 2000기 설치하겠다고 했거든요. 정부가 발표한 '수소 경제 활성화 로드맵'이라는 걸 보면 2040년에는 연간 43조 원의 부가가치가 창출되고 42만 개의 신규 일자리가 생길 거라고 이야기해요. 얼마 전에도 "수소 원팀"이라면서 대통령이 사진 찍는 행사를 했고요.

오 애드벌룬을 띄웠지요. 주가를 부양하려고 그러는 건지……. 솔직히 말하면 거의 뻥이라고 봅니다.

물론 장기적으로 수소를 에너지원으로 사용하거나 에너지 저장용으로 사용할 수 있지요. 청정 에너지가 될 수도 있고요. 이런 점에 대해서는 연구해야 한다고 저도 생각합니다. 그러나 수소가 3~4년 안에 게임 체인저가 된다든지 미래를 보장한다든지 이런 건 불가능합니다.

최 네. 수소 경제에 미래가 있다고 하지만, 수소가 에너지원으로 작용되기까지는 선행되어야 할 과제가 많습니다.

형 아까는 온건하게 이야기를 했는데, 사실 저도 수소차를 이렇게까지 띄우는 건 사기라고 생각하는 쪽입니다. 수소차가 국가적으로 육성해야 하는 사업으로 인정받으면 어떻게 될까요? 수소와 관련된 대기업에 국가의 자원이 엄청나게 집중되는 겁니다. 수소 충전소를 전국에 깔아 놓고 수소차가 돌아다니게 되면 국가가 하나의 쇼룸(전시장)이 됩니다. 현대차를 판매하는 데 필요한 쇼룸을 국민 세금으로 구축해 주는 거나 마찬가지예요.

문재인 정부의 수소차 지원 몰아주기… 성공했나?

2018.12.	현대차 '수소전기차 비전 2030' 발표
2019.01.	정부 '수소 경제 활성화 로드맵' 발표. 당시 문재인 대통령은 "내가 수소차 홍보모델"이라면서 2022년까지 수소 승용차 누적 보급 6만 5,000대라는 목표를 제시
2020.08.	정부 '한국판 뉴딜사업 등 민간 투자 활성화 방안' 발표(수소 충전소 설치 5,000억 원 규모)
2022.03. 현재	수소차가 가장 많은 서울에도 충전소는 5곳(양재, 상암, 국회, 강동, 마곡)만 있음 한국의 수소차 정부 지원금은 세계 친환경차 지원금 중 유례를 찾아보기 힘들 정도로 액수가 높음(국고 보조금 2,250만 원 + 지자체 지원금은 1,000~1,750만 원)

* 그러나 2021년 말까지 수소 승용차 누적 판매량은 목표의 절반 이하인 1만 9,000여 대에 그침
* 앞으로도 현대차가 수소 승용차에 집중할 것인지에 대해서는 의문이 제기되고 있음

아까 오민규 실장님이 말씀하셨지만, 수소차는 노선버스 같은 데는 쓰기 어렵고 장거리로 이동하다가 중간중간 충전을 하는 트럭에는 사용할 만합니다. 그런데 보통 트럭 운행 거리가 400km밖에 안 되는 우리나라에서 수소 트럭이 경제성 있게 기능하면서 돌아다니기는 사실 쉽지 않아요. 그럼, 국내에서 일반화시키기는 어렵고 대륙을 넘어가야 경제성이 확보되는 건데, 우리 환경에 아주 적합하지도 않은 걸 왜 하느냐? 현대차가 필요로 하는 수소차 쇼룸을 만들어 주는 게 진짜 목적이 아닌가 의심스럽다는 거죠. 국민의 세금이 일종의 현대차 판매 전략에 쓰이는 격입니다.

현대차만을 위한 쇼룸이 되는 것도 아니에요. 여기에 SK 같은 재벌들의 자금도 흘러 들어오게 됩니다. 연료를 만들거나 수소 탱크를 만드는 식으로 관여하는 거죠. 재벌 중심으로 움직이는 또 하나의 경제를 만든다……. 이런 게 고용을 얼마나 창출하고 사회에 얼마나 도움이 될지는 모르겠지만 어쨌거나 국가의 자원을 재벌에게 이전시키는 결과로 이어질 가능성이 높습니다.

안 그렇네요. 지금까지 재벌에게 안 몰아준 것도 아니고, 오히려 너무 많이 몰아줘서 나머지 중소기업과 국민, 노동자가 힘들었던 거잖아요. 그런데 미래 가치가 아직 불확실한 분야를 대대적으로 띄우면서 재벌에 자원을 더 집중했으니……. 이해하기 어렵네요.

산업 전환 정책 - 완성차에 의한, 완성차를 위한

안 이제 산업 전환과 노동에 관한 이야기를 해 보겠습니다. 자동차 산업으로 생계를 유지하는 노동자들이 굉장히 많을 텐데, 몇 명쯤 되죠?

형 부품 산업이 한 25만 명 정도, 완성차 산업이 한 12~13만 명?

안 역시 조사통계부장이시라 숫자가 바로 나오네요. 제조도 있고, 또 판매나 운전 같은 일에 종사하는 사람들까지 합치면 굉장히 많아지겠죠? 그 가족까지 합치면 몇백만도 될 수 있고요.

언론 보도를 보면 현재 자동차에 들어가는 부품이 총 3만 개고 그중에 전기차에 필요 없는 부품이 최소 1만 개라고 나오던데, 이건 맞는 수치인가요?

오 조금 과장된 수치입니다. 그건 2014년인가 2015년에 일본에서 나온 수치거든요. 부품 수가 줄어드는 건 사실이지만, 수많은 새로운 전장 부품(자동차에 쓰이는 전자장비 부품, 카메라, 센서, 디스플레이 관련 부품, 반도체 등)이 새로 들어와요. 이런 것을 고려하지 않았고, 그 시절에는 전기차가 이 정도로 각광받지 않았기 때문에 집계를 다시 해 봐야 합니다. 부품 수가 어느 정도 줄어드는 건 사실이에요.

안 그렇군요. 그래도 단기적이든 장기적인 자동차 산업 전환으로 타격을 받는 노동자들이 생길 텐데, 그 지점에 관해 이야기를 나눠 보면 좋겠습니다. 정부에서 자동차 산업 전환을 위한 기구도 만들고 이것저것 발표도 했는데, 정책에서 뭐가 가장 중요할까요?

오 산업 전환과 관련된 정책의 핵심은 전기차 부품과 관련된 생태계를 어떻게 만드느냐입니다.

그런데 지금 정부의 정책은 부품사를 위한 게 아니라 완성사를 위한 겁니다. 부품 인프라를 갖추는 게 마치 부품사들을 지원하는 것처럼 보이지만 실제로는 현대차 사업을 키우기 위한 전략이에요.

정부에서도 엔진이나 변속 부품을 만드는 사람들이 어떻게 될지 걱정된다고 이야기는 합니다. 그게 걱정되니까 '내연기관차 부품을 만드는 사업장이 미래차 부품 제작으로 전환할 경우에 지원하고 도와주겠다.'라는 게 정부 정책입니다. 도와주겠다는 거니까 어떻게 보면 바람직한 방향이죠.

안 네. 2030년까지 1,000개 부품 기업을 미래차 분야로 전환하겠다고 했네요.

오 그런데 치명적인 문제가 있습니다. 어떤 부품사를 도와줄 건지에 대해서 거의 완성차 업체의 선택에 맡긴다는 겁니다. 완성차 업체가 선택한다는 얘기는 누가 선택한다는 거죠?

방청객 4 현대차요.

오 맞습니다. 현대차가 선택한다는 겁니다. 외국인 투자 업체들은 한국에서 전기차를 만들고 있지 않기 때문에 어떤 부품사를 전기차 부품사로 키울 건지에 이해관계를 가진 집단은 현대차밖에 없거든요. 이런 정책을 거의 현대차에 의존하고 있는 상태입니다. 산업부(산업통상자원부)에 미래자동차산업과가 새로 만들어졌는데, 여기 초대 과장이 누군지 아십니까? 얼마 전까지 양재동에서 부장으로 있던 현대차 30대 인물을 데려다 놓았어요. 그리고 산업부에서 2021년 3월에 출범시킨 '자율주행기술개발혁신사업단'에는 현대차 전무로 있던 사람을 데려왔어요. 아예 현대차 사람들을 정부에서 기용하고 있습니다.

이해관계자들을 한데 모은다든가……, 금속노조와 논의하고 협상해서 어떤 부품사들을 선정할지 정한다든가, 이런 식으로 진

산업 정책을 재벌에게 맡겼나?

4. 미래차 산업생태계로의 전환: 내연차 중심 부품기업 고도화

(1) '30년까지 1,000개 부품기업을 미래차 분야로 전환하겠습니다.
* 자율주행차 · 친환경차 부품생산 기업은 전체 부품기업의 4%인 400여개사 수준

○ **기업활력제고법에 따른 사업재편 승인부품기업을** '20년 13개사 → '21년 30개사 → '22년 60개사 등 **22년까지 100개이상 발굴**

- 승인기업에 대해 "혁신기업 국가대표 1,000" 등 **금융프로그램, 사업재편R&D 등을 활용**하여 기술·설비 확보에 필요한 자금 지원

- 사업전환법에 따른 **사업전환** 승인부품기업에 대해 시설·운전자금 100억원, R&D 5억원 등 최대 105억원 **사업전환** 패키지 지원

* 전국 32개 중진공 지역본부 內 "미래차 전환지원 헬프데스크" 신설·운영('21)

○ **완성차사는** 1~2차 협력사 대상으로 미래차 부품전환 **희망기업 60여개를 발굴**하고, 정부와 함께 기술개발, 지식재산권 확보, M&A 등 집중 지원

"완성차사는 1~2차 협력사 대상으로…"라고 하여, 미래차 부품 협력사로 발돋움할 업체를 완성차사(사실상 현대차)가 직접 발굴할 수 있도록 정부가 정책적으로 지원하겠다는 내용

2020.10.28. 문재인 대통령이 울산 현대차 방문 당시 발표한 자료

산업혁신 성장실 조직도

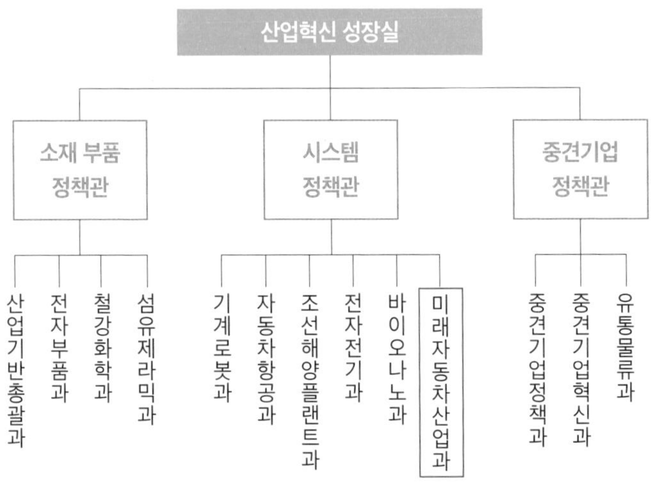

2022년 3월 28일 현재의 산자부 조직은 이것과 조금 다르다. 산업정책실 밑에 '제조산업정책관'이 있고 그 밑에 기계로봇항공과, 자동차과, 조선해양플란트과, 바이오융합산업과, 미래자동차산업과가 있다.

자료: 산자부 보도자료에 소개된 조직도(2021.03.24.)

행되고 있지 않은 거죠. 이렇게 계속 가면 재벌에게 편향된 의사결정이 이루어질 가능성이 매우 높아요. 그런 점이 가장 걱정됩니다.

안 듣고 보니 정부의 자동차 산업 전환 정책은 철저히 완성사 위주라는 생각이 듭니다. 완성사에 의한, 완성사를 위한 정책이네요.

오 현대차에 의한, 현대차를 위한 정책인 셈이죠.

안 같은 맥락에서 오기형 부장님은 "정부와 재벌의 물리적 유착"이라는 표현을 쓰시더라고요. 구체적으로 설명해 주시겠어요?

형 아까 오민규 실장님이 말씀하셨지만 자율주행기술개발혁신사업단의 핵심적인 목적은 규제를 정하는 겁니다. 자율주행차가 도로에 질서 없이 막 돌아다니면 사람을 죽일 수도 있고 위험하잖아요. 그래서 규제를 어디까지 완화할지 신중하게 결정해야 해요. 자율주행차의 성능을 어떻게 정확히 테스트할지, 자율주행차 사고 시 제조사 책임은 어떻게 처리할지 등이 문제가 되거든요. 그래서 도로교통을 담당하는 경찰청이 들어와야 하고, 환경부와 국토부도 들어와야 하고, 산업부도 함께 들어와야 해요. 자율주행기술개발혁신사업단은 4개 부처가 합동으로 만든 범부처 사업단입니다. 그런데 현대차그룹 소형PM센터장(전무)으로 있던 최진우라는 사람을 데려와서 단장으로 앉혔어요. 사고 시 제조사 책임을 포함한 각종 규제를 만들어야 할 곳에 제조사 출신을 앉힌 건 이해충돌이 아닐 수 없죠. 민간의 의견을 수용하는 절차야 필요하겠지만, 현대차 전무는 어쨌거나 자율주행차가 빨리 돌아다니게 해야 하는 사람이잖아요?

안 최소한의 규제로, 빨리빨리 진행하려고 하겠네요.

형 아예 현대차 사람을 단장으로 세워 놓은 걸 보면 기구의 목적이 뭔지 의문이 듭니다. 원래 목적대로 안전한 규제를 만들려고 하는 건지, 아니면 그저 도로교통 규제를 빨리 없애려는 건지?

미래자동차산업과도 그래요. 원래 자동차항공과라고 해서

아주 오랫동안 자동차 문제를 담당했던 과가 있었어요. 그런데 2020년에 '미래차'라는 아주 좁은 영역만 담당하는 과를 하나 더 만든 겁니다. 미래자동차산업과. 여기는 지원을 담당해요. 산업부니까 기업 지원 담당하는 과가 있는 것까지는 알겠는데. 그 과의 과장이 현대차 부장으로 있던 사람이라는 겁니다. 이 정도면 진짜 물리적으로 재벌이 정부에 들어간 거죠.

여기까지는 정부 부처와 관련된 이야기고요, 민관 합동 기구도 그렇습니다. 2020년 7월 1일에 출범한 수소경제위원회라는 기구가 있어요. 학계 인사도 넣고 시민단체도 넣어서 구색을 맞췄다고는 하지만, 어쨌거나 정의선 현대차 회장이 수소경제위원회 민간위원으로 들어가 있거든요. 그러면 정의선 회장이 주도하는 그림이잖아요.

수소경제위원회 첫 회의 안건이 뭐였는지 아세요? 수소 관련 사업에 예산을 어떻게 배분할지를 정한 겁니다. 수소 경제라는 이름으로 국가 예산 몇십조 원을 가져와서 사용하는데, 이걸로 지원을 가장 많이 받아 가고 돈을 가장 많이 벌게 될 사람들이 결정을 하고 있어요. 저는 깜짝 놀랐습니다. 재벌들이 우리 주머니에서 돈을 그냥 빼 가는 느낌이죠. 실제로 문재인 정부가 돌아가는 걸 보면 재벌 대기업들과 조직적, 물리적인 유착이 있습니다.

수소경제위원회 정부의 표현에 따르면 '대한민국 수소 경제 컨트롤타워' 역할을 하는 기구. 2020년 7월에 출범했다. 국무총리를 위원장으로 하고, 산업통상자원부 등 8개 관계 부처 장관과 민간 전문가들로 구성된다. 정의선 당시 현대차 수석 부회장, 문일 연세대 교수, 이미경 환경재단 상임이사 등이 민간위원으로 위촉되었다. 2040년까지 수소 전문 기업 1,000개 육성, 2030년까지 수소전기차 85만 대 및 수소 충전소 660기 확충, 수소집적단지, 규제특구, 수소 도시 조성 등의 정책을 제시했다.

안 조직 이름이 많이 나왔습니다. 자율주행기술개발혁신사업단, 산자부 산하 미래자동차산업과 그리고 민관 합동 기구인 수소경제위원회. 복잡한 것 같지만, 이 모든 이야기를 단순하게 정리할 수도 있겠네요. '미래차'나 '수소 경제'라는 이름으로 산업 정책을 결정하고 집행하는 거의 모든 과정에 정부와 재벌의 유착관계가 있다고요.

형 그렇죠. 금속노조에서는 조합 교육이나 토론회를 통해 그런 사실을 알려 나가고 있는데, 시민들에게도 널리 알리고 공론화하면 좋겠습니다.

손잡고 뛰어가는 정부와 재벌

최 앞에서 수소 경제 이야기했던 것과 관련해서 말씀드리자면, 지금 기후위기 대응과 관련해서 굉장히 많은 정책들이 있고 전환의 과정은 완전히 톱다운으로(하향식으로) 진행되고 있어요. 국제적으로 톱다운이 이루어지고 있지요. 외국에서 수소라는 미래 에너지원과 관련해서 기술 개발을 엄청나게 하겠다고 하니 한국도 수소경제위원회를 만들고 수소에 대한 장밋빛 희망을 막 던지는 겁니다. 수소차 상용화를 내세우면서 뭐든 할 수 있을 것처럼 이야기해요. 그리고 그 거대한 물결 속에서 수소차, 즉 현대차에 다 몰아주는 구조가 확실히 보입니다. 기자들도 뭐가 추진될 때마다 깜짝깜짝 놀라요. '대통령 행사에 현대차가 왜 이렇게 자주 나오지?' 하고요.

그리고 노동권 문제나 기후위기라는 거대 담론 안에 숨겨진

작은 이슈들, 그러니까 각론에 대해 한국 사회는 아무런 준비가 안 돼 있어요. 그런데 정책만 저만큼 앞서가는 느낌이에요. 제가 환경부만 출입하는 게 아니라 산업부도 출입하거든요. 산업부에서 발표하는 자료들을 보면 방향은 확실히 전환으로 잡았는데, 말씀하신 대로 내용은 '현대차를 살리기 위한 전환'을 어떻게 할 것인가가 전부예요. 부품사들을 현대차에 잘 맞춰 주는 계획인 거죠.

안 정부에서 기후위기에 어떻게 대응하고 있는지를 최 기자님께서 조금 더 들려주시면 좋겠네요. 지금 이야기 나온 수소경제위원회 말고 탄소중립위원회라는 기구가 있잖아요.

최 일단 시민사회 쪽에서는 기후위기 비상행동이라고, 300여 개 시민단체의 연대체가 2019년쯤인가 출범한 걸로 알고 있어요. 여기에 노동인권단체들이 폭넓게 들어가 있고요.

탄소중립위원회의 경우 대통령 소속이고, 정부 부처가 다 들어가 있습니다. 교육부, 고용노동부 등이 들어가 있어서 덩치가 크지요.(탄소중립위원회는 2022년 3월 25일부터 '탄소중립녹색성장위원회'로 명칭이 변경되었다.) 수소경제위원회는 국무총리실에서 책임지는 거고 주로 경제 얘기를 합니다.

형 저 멀리 정부가 뛰어가고 있고 나머지 전체가 따라가지 못한다는 얘기에 공감이 갑니다. 제가 또 다른 위원회 이름을 이야기하면 더 헷갈리실 것 같긴 한데, (청중 웃음) 산업부 안에 '탄소중립 산업전환 추진위원회'라고 있어요. 이건 탄중위(탄소중립위원회)하고 또 다른 기구입니다. 이 위원회에서는 정말 산업부랑 재벌들만 손잡고 뛰어가고 있어요. 노동은 철저히 배제되고 있고요.

2021년 2월부터 4월까지, 2개월 남짓한 기간 동안 탄소중립 산업전환 추진위원회는 시멘트·정유·자동차·화학·철강 등 13개 산업에서 전환 협약을 맺고 공동 선언을 발표했어요. 속전속결이었지요. 정부가 얻은 건 재벌들이 '우리도 탄소중립에 동참하겠다.'라고 하는 선언밖에 없었어요. 그런데 재벌들은 반대급부로 이런저런 민원들을 수리해 달라고 했어요. 정부 R&D를 자기들한테 달라, 세금을 깎아 주고 세액 공제를 더 해 달라, 금융 지원을 해 달라. 뭐 이런 식이었습니다.

안 규제 완화도 있었지요?

형 심지어 화물관리법 같은 법을 고쳐 달라거나, 녹지지역 내 반도체 공장을 증설하게 해 달라는 요구도 있었습니다. 이런 건 기후위기 대응과 거꾸로 가는 방향의 규제 완화잖아요. 이런 내용의 협약을 2개월 만에 맺고 업종별 협의체까지 만들었어요. 자그마치 13개 분야입니다. 여기서 정책의 본질이 분명하게 드러난다고 생각해요. 지금 뛰어가는 주체는 누구냐? 정부랑 재벌들이 손잡고 막 뛰어가고 있습니다. 그러면 탄중위라는 큰 기구는 이것과 무슨 관련이 있게 움직이느냐? 그건 또 아니고요. 탄중위는 어쨌거나 폭넓게 구성되어 있기 때문에 적당히 의견 수렴하는 모양새를 취합니다. 실제 정책을 세우고 정책을 수립하면서 앞으로 달려가는 기구는 따로 있습니다.

최 그 말씀을 다른 말로 하면 탄중위를 움직이는 게 산업부라는 겁니다. 그러니까 산업부의 목소리가 그대로 전달돼서 탄소중립 시나리오에도 영향을 주지요. 요즘 30년 국가 온실가스 감축 목표(NDC) 같은 얘기가 뉴스에 계속 나오잖아요. 환경 기후 단체들은 산업계의 노력이 너무 적다면서 반대하고 있고요.

온실가스 배출량만 놓고 보면 에너지 부문과 산업 부문이 거의 70%를 차지하거든요. 그러니까 책임이 있는 부문들인데, 이 부문들이 온실가스 감축을 숫자로 보여 주지도 못하고 있어요. 배출량 감축 계획도 구체적인 것이 없고요. 정부가 '공정한 전환'이라는 구호를 앞세워서 산업계를 보호하고 있는 측면이 있어요. 온실가스 감축을 하느라 산업 전환을 우선 과제로 보면, 그 산업계에서 일하는 노동자들의 일자리 보호 울타리가 흔들릴 수 있으니 산업 전환을 미룰 수밖에 없다는 논리죠.

오 오기형 국장님, 아까 말씀하셨던 그 위원회(탄소중립 산업전환 추진위원회)가 위원장이 둘인데, 성윤모 산업부 장관(2021년 5월에 문승욱 장관으로 바뀌었음)하고 최태원 SK 회장이에요. 대한상의(대한상공회의소) 회장 자격으로 위원장이 된 거죠. 그러니까 이 위원회의 구조 자체가 다 말해 주는 겁니다. 노동자만 쏙 빼놓고 정부와 자본으로만 구성한 거죠. 규제보다는 인센티브를 준다, 산업계에게 강제로 시키기보다 자발적 참여를 독려한다. 이거 사실 지구가 목 잡고 쓰러질 일이에요. 아니, 탄소중립을 하는데 어떻게 산업계에 강제를 하지 않고 자발적 참여를 유도하며 규제 아닌 인센티브 중심으로 가지요? 이건 산업계를, 아니 정확히 말하면 재벌들을 조건 없이 도와주겠다는 거밖에 안 됩니다.

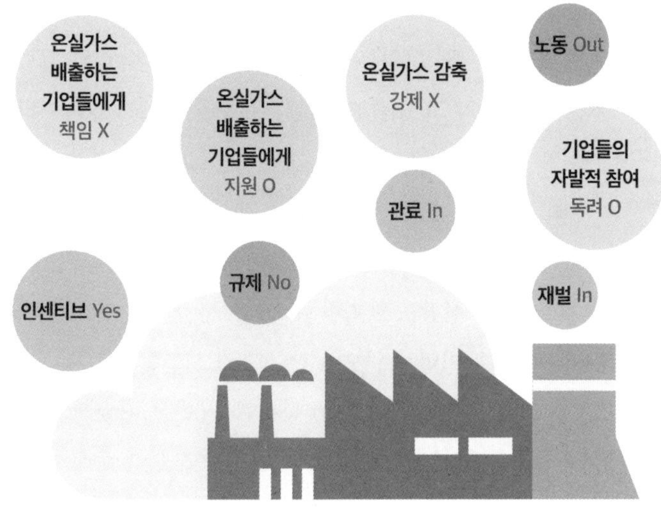

안 이제 그림이 그려지네요. 저는 산자부 문서만 몇 개 열어 봤는데요. 코로나가 창궐하는 이 어려운 시기에도 탄소중립 추진위라는 이름으로 관료들과 재벌들이 대면으로 만나더라고요. 짧은 기간 동안 행사를 여러 번 했는데 내용은 전부 규제 완화와 세제 지원 같은 것들이었어요. 이게 어떻게 탄소중립 산업 전환인가 싶었던 기억이 있습니다.

최 기후 쪽에서는 탄소중립법 제정이 굉장히 중요한 분기점이었어요. 법으로 탄소중립을 의무화한다는 걸 명시해야 한국의 기후위기 대응이 흔들리지 않는다는 취지였는데요. 그 법을 만드는

데만 1~2년 걸렸거든요. 그런데 그 탄소중립법이 '탄소중립녹색성장기본법'으로 바뀌었어요. 국민의 힘에서 요청해서 민주당이 받고 청와대가 받은 거예요.

쉽게 이해하기 위해 그린뉴딜로 돌아가 볼게요. 유럽의 그린딜을 베낀 게 한국의 그린뉴딜인데, 사실 뉴딜 자체가 성장이라는 개념을 포기하지 못한 거죠. 유럽이든 한국이든. 문재인 대통령도(좌담회 개최 시점인 2021년 10월 기준) 한국형 뉴딜의 한 부분으로 그린뉴딜을 얘기하면서 성장을 강조했어요. '우리는 그린으로 나아가지만 성장도 포기할 수 없다.'는 메시지였죠. 한국의 기후위기 대응은 기업 지원으로 간다는 걸 선언한 거고요.

탄소중립녹색성장기본법은 그걸 확실히 못 박은 거예요. 왜냐하면 녹색 성장을 포기하지 않겠다는 걸 법조문으로 박아 넣은 거니까요. 이명박 전 대통령이 만든 녹색성장법을 계승한 게 되어 버렸어요. 문재인 정부의 탄소중립이 어떤 방향인지 알 수 있습니다.

안 사실은 어느 정부나 다 경제 성장을 표방하긴 했어요. 그런데 문재인 정부는 탄소중립을 하겠다고 하면서도 이전 정부들과 똑같이 성장만 외쳤다는 거죠. 그러다 보니 탄소중립법에 성장을 박아 넣는 모순된 행위를 했네요.

노동 전환 정책, '지원'만으로 충분한가?

형 산업 전환과 관련해서 계속 설명해 드리자면, 정책의 중심축이 중간에 이동을 했다고 봅니다. 2018년에 자동차항공과에서 내놓았던 정책은 적어도 표면적으로는 2차, 3차 하청 업체를 중심에 놓고 있었어요. 자동차 부품 산업의 활력 제고라는 목표를 내세웠고요. 부품 생태계의 아주 큰 문제였던 전속성 또는 종속성을 완화하기 위해 부품사의 독자성을 키우고 부품사들을 육성하는 방안들이 일단 목표에 들어가 있었고, 관련된 정책들이 이것저것 혼합되어 있었습니다.

안 2018년에 정부가 '자동차 부품 산업 활력제고 방안'을 발표했고요. 그다음에 2019년에는 '미래차 산업 발전 전략', 그리고 2021년에는 '공정한 노동 전환 지원 방안'. 이렇게 거듭 정책을 발표했네요. 정책의 방향이 어떤 쪽으로 바뀌었다고 보시나요?

형 2021년에 나온 것들, 특히 2021년 6월 즈음에 나왔던 미래차 정책은 엄청 많이 달라져 있었어요. 부품사들이 정부의, 그러니까 완성차 업체의 전략을 공유해서 협력 공동체를 만들어 나가도록 하는 쪽으로 완전히 바뀌었거든요. 완성차 업체의 전략을 공유한다는 건 사실상 완성차 업체의 전략을 그냥 따르라는 겁니다.

2018년에만 해도 전속성 문제, 독자적인 연구 개발 능력 문제, 이런 문제들이 그래도 정책의 중심 목표에 올라와 있었어요. 그런데 지금은 정책의 중심 목표가 부품사의 독자성이 아니라 완성사-부품사의 융합으로 이동한 것이 분명합니다.

그렇게 목표가 바뀐 것에 대해 물어보면 산자부 관료들은 '아, 예. (부품사의 독자성 제고도) 다 포함되어 있습니다.'라고 쉽게 대답하는데요. 사실은 눈 씻고 봐도 포함되어 있지 않아요. 심지어 미래차 전환 과정에서 누가 살아남을지도 현대차가 자유자재로 선택하게 돼 있고요.

오 공정한 노동 전환이라는 것은 고용노동부가 발표했는데요. 아까 말씀드렸던 엔진이나 변속기 생산 업체들의 경우 산업 전환 과정에서 탈락할 가능성이 있거든요. 이런 업체들을 다 살리면 좋겠지만 불가피하게 낙오되는 곳들이 있다면 재취업 같은 지원을 해 준다는 겁니다. 그런데 일단 정부 차원에서 전수 조사가 잘 안 돼 있어요.

그리고 최근에 부품사들이 자회사하고 별도 법인을 엄청나게 많이 만들고 있거든요. 미래차나 친환경차와 관련된 부품을 만들려면 기존 법인이 아니라 다른 법인이나 자회사를 설립해서 만들려고 합니다. 왜? 지금 있는 사업장에 노조가 있으니까. 이른바 노조 리스크를 관리하기 위해서요. 고의적으로 노조 있는 사업장은 부도를 내고 말이죠. 과거 구조조정 과정에서 자주 써먹던 방법과 유사해요. 회사를 굿 컴퍼니Good company와 배드 컴퍼니Bad company로 쪼개서 배드 컴퍼니는 파산시켜 그쪽 노동자들은 모두 퇴출하는 방식으로 말이죠. 다시 말해 배드 컴퍼니에 노조 조합원을 집중시키면 민주노조를 말살할 수 있는 엄청난 무기가 됩니다.

안 현대차 입장에서 '굿'이란 노조가 없어서 마음대로 할 수 있는 사업장인 거잖아요. 그럼, 미래차 전환 과정에서 누가 살아남을지를 현대차가 자유자재로 선택하게 되는 격이네요!

오 그렇죠. 새로운 아이템은 다 신규 법인에 비정규직 거의 100% 공장을 만들어서 돌릴 수도 있습니다.

고용노동부가 '공정한 노동 전환 지원 방안'을 발표했을 때 기자들이 물었어요. 전환 과정에서 무노조를 만들기 위해 원청이 이런 일을 벌일 수 있는데 막연하게 재취업 지원이나 현장 모니터링 같은 이야기만 하고 있을 거냐? 이걸 바로잡고 기존 하청업체에 소속된 노동자들의 일자리가 유지되도록 해 주는 게 우선 아니냐? 고용노동부 국장이 그때 그 질문을 받고 "설마 (원청이) 그렇게까지 하겠냐."라고 대답했는데 정말 무심한 답변이에요! 실제로 이 분야에서 어마어마한 일들이 벌어지고 있거든요. 이런 일들은 특히 노동권에 영향이 큽니다. 저는 이걸 '탄소 저감이 아니라 노조 저감'이라고 표현합니다.

안 원청은 당연히 미래차 부품을 무노조 공장이나 비정규직 공장에서 생산하기를 원하겠지요.

오 공정한 전환이냐 아니냐를 따지기 이전에 노동권이라는 게 말살될 수도 있어요. 예를 들어 현대차가 자회사를 설립해서 노조 없는 공장에만 전기차 부품을 발주한다고 생각해 봅시다. 기존에 그나마 목소리를 내고 있던 노동조합들은 설 자리가 없어지겠죠? 그런데 현대차는 이미 그렇게 하고 있다는 겁니다.

형 어떻게 보면 고용노동부의 정책 제목이 '지원 방안'인 것부터가 문제예요. 노동자 재취업을 지원하고 기업에 인센티브를 주는 방안으로 채워져 있거든요. 이런 정책만으로는 실질적인 노동자

보호가 안 됩니다. 현대차에게 모든 권한을 쥐어 줬기 때문에 하청 업체와 노동자들은 꼼짝없이 현대차의 선택을 기다려야 하는 입장이 되거든요.

오 원청에 공정한 노동 전환을 강제하는 정책이 있어야 합니다. 지금은 그런 정책이 없어요.

방청객1 산업 전환으로 일자리가 줄어드는 건 어쩔 수 없는 일이라는 시각도 있는데, 이런 주장에는 어떻게 답해야 할까요?

오 일자리 문제는……. 한국의 경우 부품 인프라가 국내에 만들어질 예정이라고 앞서 말씀드렸잖아요. 그래서 실제로는 인력이 더 필요합니다. 그런데 왜 인력이 줄어든다고 하지? 노동조합이 있는 사업장 입장에서 보면 인력이 줄어든 것처럼 보입니다. 고

기업과 노동자에 '지원'을 해 주겠다는데…

고용노동부가 자동차 산업 노동 전환과 관련해 내놓은 방안들은 다음과 같다.

- 2025년까지 10만 명 대상으로 신산업 분야 직무 전환 훈련
- 장기 유급휴가 훈련에 대한 인센티브 제공
- 대기업이 협력사 노동자에게 훈련 인프라를 제공할 경우 인센티브 제공
- 인력조정이 발생할 경우 사전 전직 준비와 재취업 지원 강화 등

노동조합과 노동단체들은 재취업 지원과 기업 인센티브 위주의 산업 전환 정책에 비판적이다. 이런 식의 '지원' 방안은 미래차 전환 여력 자체가 없는 2~3차 이하 하청 업체에는 큰 의미가 없다는 것이다. 더 중요한 이유는 원청의 독점 지배력이다. 원청이 무소불위로 권한을 휘두르도록 허용하는 한 그 어떤 지원도 노동자를 보호하지 못한다.

령화된 사업장도 많고, 엔진이나 변속기 만드는 사업장이 많거든요. 그런데 노동자 전체의 눈으로 보면 자동차 관련 일자리는 늘어나요. 부품 인프라를 만드는 과정에서, 기존에는 자동차 산업으로 치지 않았던 배터리 산업이나 반도체 산업이 자동차 산업으로 들어오거든요.

그리고 현장 노동자들도 이제 산업 전환에 대해서는 다 받아들이는 분위기입니다. 2~3년 전만 해도 '전기차 그거 다 거짓말이야, 내연기관차 안 망해.' 이런 식으로 소망을 담은 이야기들을 했어요. 일자리가 유지되기를 바랐으니까요. 그런데 어느 순간 미래차 전환이 대세가 되면서 노동자들도 전환은 불가피하다고 인정하고 있습니다. 현대·기아·한국지엠 등 현장에서 일하는 노동자들도 2035년까지는 미래차로 전환해야 하지 않느냐는 이야기를 자연스럽게 하고 있어요.

중요한 건 전환 과정에 노동조합을 참여시켜서 노동자들의 의견을 충분히 듣고 반영하는 겁니다. 지금은 철저히 완성사 위주로만 흘러가고 있어서 문제고요.

안 제가 질문 하나 더 드릴게요. 정부가 산업 전환을 재벌 중심으로 추진하고 있다고 비판하면 정부 입장에서는 이렇게 반문할 수 있을 것 같아요. 현실적으로 현대차가 86% 점유율을 갖고 있는데 현대차랑 협력 안 하고 어떻게 정책을 만드느냐?

오 예를 들어볼게요. 사나흘 전에(2021년 10월) 한국자동차산업협회, 한국자동차산업협동조합(부품사 협동조합), 한국노총 금속노조연맹 이렇게 세 단체가 노사 공동 의견서를 제출했어요. '탄소중립위원회가 목표를 너무 높게 잡았다. 조금 봐 달라.'는 내용이었지요. 민주노총 금속노조는 빠졌어요.

전기차 450만 대라는 목표가 너무 과하다는 거였는데, 사실 450만 대는 현대차가 제시한 숫자라고 봐야 해요. 정부가 2040년, 2045년 이런 이야기를 할 때 현대차한테 허락 안 받고 어떤 숫자를 제시할 수가 없거든요. 현실이 그렇습니다. 현대차가 제시한 숫자가 450만인데, 현대차가 핵심인 한국자동차산업협회가 450만 대는 과하다는 의견을 냈다? 이건 목표가 다른 데 있는 거죠. 엄살을 떨어서 정부 지원과 규제 완화를 최대한 더 얻어 내려는 겁니다.

규제 완화에는 결국 노동자들의 권리를 희생하라는 요구가 같이 끼어 있습니다. 전기차로 전환하게 되면 노동자들도 불가피한 아픔을 겪을 수 있죠. 그럼에도 불구하고 전기차로 가야 된다면, 노동자들도 논의에 참여해서 의견도 내고 교섭도 해야 하는 겁니다. 그런데 지금 정부가 하는 것처럼 정책이 현대차 중심으로만 간다는 건 사실 심각한 문제예요.

피라미드 독점 구조부터 해체해야

형 박정희 시대부터 계속된 방식을 그대로 쓰고 있습니다. 재벌들을 앞세워서 그 재벌들의 힘으로 돌파하려고 하고, 모든 걸 재벌에게 몰아주고……. 그 결과 지금의 구조가 만들어졌고 지금의 위기가 찾아온 건데 이번에도 똑같은 방식으로 위기를 돌파하자? 저는 동의할 수 없어요.

산업 전환 시기는 생태계를 재편할 기회가 될 수도 있습니다.

현대차 중심으로 짜여 있던 강고한 피라미드에 완전히 새로운 행위자들이 들어오거든요. 예를 들어 배터리 공급자들이 들어와요. 작고 만만한 부품사들이 아니라 LG, SK 같은 대기업들도 있습니다. 이렇게 새로운 플레이어들이 들어온다면 응당 독점 구조를 해체하고 다시 짜야 합니다.

방청객3 미래차의 개념이 달라지고 배터리가 그렇게 중요해진다면, 자동차 산업은 당연히 현대차 중심이라는 통념 같은 것도 흔들릴 수 있겠네요.

형 배터리 공급자들의 힘은요. 그 배터리를 현대차가 안 사 줘도 다른 제작사가 사줄 수 있다는 겁니다. 아주 큰 힘이지요.

지금 정부와 자본이 유착해 있는 상태에서 현대차에 지원을 몰아주는데, 만약 세계 전기차 시장의 치열한 경쟁에서 현대차가 패배한다면 어떻게 될까요? 현대차 자본의 실패는 한국 정부의 실패가 됩니다. 만약 시장에 정부가 개입했는데도 현대차 자본이 경쟁에서 패배하게 되고 그런데 현대차 자본이 정점에 있는 생태계에 포함된 부품사가 다른 완성차에 부품을 팔 수 있을 정도의 자율성을 키우지 못한 상태라면 부품사들은 현대차와 함께 패배하게 됩니다. 파산하거나 구조조정하고 해고하겠죠. 국가의 자원을 완성차에 집중시키고 이를 바탕으로 나머지 부품사들을 건사하고 거기에 고용된 노동자들의 소득을 창출한다는 계획은 실패하죠. 그러면 즉각 자원 배분의 방향 문제, 자원을 부품사에 더 배분했어야 했던 게 아니냐는 질문이 제기됩니다.

이게 단기적인 위기고 금방 해결될 위기라면 그걸 돌파하기 위해 한시적으로 현대차에 자원을 몰아주는 것도 생각해 볼 수 있겠죠. 하지만 지금의 위기는 한 번에 돌파 가능한 얇은 벽 같은 것이 아니라 오랫동안 헤쳐 나가야 하는 안개 같은 겁니다. 과거와 똑같은 방식으로 그걸 헤쳐 나가자는 것은 부담을 노동자들에게 전가하거나 미래 세대에게 다 떠넘기겠다는 이야기지요. 오히려 위기를 심화시킬 거라고 생각해요.

방청객 2 아이디어 차원에서…… 쌍용차가 지금 위기인데 국유화가 유의미한 대안이 될 수 있을까요?

오 코로나19 시대에 굉장히 중요해진 차들이 있거든요? 음압 구급차 같은 경우 반드시 필요한 차라서 정부 예산으로 몇천억 원을 책정해서 구매를 합니다.

선진국이 아닌 나라들, 코로나 대응이 잘 안 되고 도로 사정도 안 좋은 나라들은 어디서나 잘 달릴 수 있는 힘세고 튼튼한 차가 필요하겠죠. 이런 차를 만드는 데는 쌍용차가 제격이에요.

예전에 코로나19가 한창 유행일 때 자동차 회사가 마스크 제조도 한 적이 있고…… 또 인공호흡기도 만들었잖아요. 그렇게 만든 제품을 해외에 수출하기도 했는데 그런 식으로 살길을 도모할 수도 있겠죠.

정부의 산업 정책을 정확히 관철시킬 수 있는 국영회사나 공기업 같은 게 하나 있다면 현대차 입장에서는 정말 싫을 겁니다. 현대차가 이걸 가장 싫어해요. 사실 현대차는 쌍용차도 무너지길 바라고 있을 겁니다. 쌍용차 시장 점유율이 높지는 않지만, 현대차는 그거라도 더 먹고 싶어 하니까 정부가 쌍용차를 지원하는 것 자체를 아주 싫어할 겁니다.

안 실제로 미국에서 자동차 회사가 마스크를 생산했죠?

오 지엠이요. 지엠이 마스크도 생산하고 인공호흡기도 생산했습니다.

재벌에 몰아준다, '한국형 뉴딜'

안 대안 이야기를 본격적으로 하기 전에 세 분께 질문이 있습니다. 지금까지 얘기했던 정부의 자동차 산업 전환 정책에 A, B, C로 점수를 매긴다면요?

최 현대차한테는 500점이겠죠. 현대차 독점 구조니까 현대차만 지원한다고 다 해결되는 게 아니라는 걸 정부가 알면서도 모른 척하고 있는 상황이에요.

그리고 제가 보기에는 구체적인 전환 대책을 내놓지 못하고 있거든요. '준비하고 있습니다.', '준비하겠습니다.'라는 발표만 했고요. 제가 만났던 고등학생들이 미래를 준비하기 위해 유튜브를 보면서 테슬라를 동경하고 있는 현실만 봐도 그렇잖아요. 저는 정부가 제대로 된 산업 전환을 전혀 준비하지 못하고 있다고 생각해요.

사실 부품 업체들은 언론 인터뷰도 못해요. 찍힐까 봐요. 익명 인터뷰도 힘들다고 하십니다. 제가 여러 차례 부탁을 드렸는데도 힘들어하셨어요. 그래서 건너 건너 이야기를 전해 듣는 수준인데, 이런 걸 봐도 문제가 심각하죠.

안 그래서 A, B, C, D 중에?

최 학점을 준다면요? 거의 F인데…… 왜냐하면 점수를 매길 게 없어요. 구체적인 대책이 나온 게 없으니까요.

형 저도 지금 D-를 줄 만한 이유가 뭐가 있는지 생각하고 있었어요. (청중 웃음) 하나라도 잘한 게 있으면 D-를 주려고 하는데……. 생각이 안 나네요. 아직은 F인 걸로.

오 실제로 현장 노동자들도 아이디어를 많이 가지고 있거든요. 친환경으로 가기 위해 어떤 것들이 필요한지, 당장 공장에서 사용하는 전기를 어떻게 할 것인지, 전기차를 구동시키는 이 전기만이 아니라 전기차 생산에 필요한 전기는 어떻게 전환해야 할지 등등 많은 아이디어를 낼 수 있어요. 그런데 현재의 전환 과정에서는 노조가 철저히 배제되고 있다는 거죠.

그린뉴딜을 한다는데, 사실 원래 미국 대통령 루스벨트의 뉴딜에서는 노조의 협상 권한을 많이 키워 주었어요. 지금 재벌한테 몰빵 지원을 하는 이런 걸 그린뉴딜이라고 부르는 건 루스벨트가 지하에서 목 잡고 쓰러질 일이에요. 이런 지점들이 가장 문제 같아요.

형 '뉴딜'이라고 하면 부흥이라고도 해석하지만 원래 '딜'은 거래나 협약 개념이에요. 거래를 하고 그 결과로서 협약이나 합의를 도출하는 거죠. 뉴딜 정책 당시에는 정부와 자본과 노동이 완전히 새로운 합의를 한 겁니다.

문재인 정부의 딜은 정부와 자본, 특히 대자본 간에 맺은 협약이라서요. '딜'이긴 딜이겠지만 '뉴New'하진 않습니다.

안 주고받기를 해야 딜이잖아요? 재벌하고 주고받기라도 해야. 지금은 그냥 퍼 주는 수준인 것 같은데요.

형 그렇네요.

오 조금 다른 예를 들자면, 중대재해법이 만들어지고 나서 전국적으로 안전 관련 분야에서 인력난이 있습니다. 재벌들이 다 채용을 해 가는 바람에 지금 안전 전문가들이 씨가 말랐어요. 사장

귤이 탱자가 된다더니 - 한국에서 '뉴딜'은 무엇?

원래의 뉴딜(New Deal)이란?

세계 대공황 당시 미국이 새로운 경제 운용을 위해 시행한 대대적인 개혁 정책
- 그동안 경제적으로 배제되었던 주체들과 새로운 '딜'을 해서 수요 진작
- 확장적 재정 지출을 통해 경제적 약자를 구제
- 대기업의 독점에 대한 규제 강화
- 사회보장제도를 강화하고 와그너(Wagner)법으로 노동자 보호

그럼 한국의 '뉴딜'은?

디지털 · AI · 5G와 같은 특정 산업 분야를 골라서 그 활성화를 명분으로 규제 완화 및 정부 차원의 지원을 하는 정책
- 경제적 약자와 '딜'을 하는 게 아니라 기업들과 '딜'을 시도
- 결국 글로벌 기업, 국내 재벌 기업이 수혜자가 됨

님들이 감옥 갈 수도 있다고 하니까 '이건 안 되겠다.' 싶잖아요. 안전공학이나 환경공학 전공자들이 필요한데 몇 년 전부터 이 전공과들이 거의 없어졌거든요.

중소기업에서는 안전 쪽 전문가들을 아예 구하지도 못해요. 어쨌거나 사람을 구하고 있다는 얘기는 자본이 사람한테 투자를 한다는 이야기입니다. 인센티브가 아니라 패널티를 줄 때 비로소 자본이 움직이는 구조가 여기서도 보이잖아요. 그런데 규제 대신 인센티브 어쩌고 하면서 정책을 짜고 있으니 참 답답한 노릇이지요.

형 조금 다른 이야기인데요. 부품사들이 가지고 있는 연구 인력이 원래 별로 없었지만 그 연구 인력들마저 대기업이 계속 빨아들이고 있습니다. 소프트웨어라든가 제어 계측 관련해서 섬세한 작업들을 하는 전문가들이 점점 많이 필요한데, 그 인력들을 다시 현대차가 독점하는 형태로 빨아들이고 있어요. 부품사들은 다시 인력난에 시달리고요.

현대차가 중소기업에 있는 연구자들만 데려가는 것도 아니고, 국책연구원에 연구원으로 있는 사람들도 흡수하거든요. 미래차 인력을 양성해야 한다고 말을 하는데, 이렇게 재벌들이 나라의 지적 자원을 독점하면 누가 학생이나 노동자를 가르치나요? 미래차 인력 양성은 달성할 수 없는 목표가 되는 겁니다. 그래서 이 지적 자원들을 사회에 적절하게 분배하지 않으면 또 다른 독점이 생기고 그 결과 부품 산업 생태계는 미래차 인력의 씨가 마르는 파괴적인 결과가 올 것 같아요. 그런데 지적 자원의 배분과 관련해서도 정부는 그 어떤 형태의 계획도 없이 그냥 시장에 다 맡겨 놓고 있습니다.

안 이야기를 들을수록 답답해지네요. (한숨) 그럼, 오민규 실장님은 점수가?

오 저는 뭐…….

안 F도 안 주고 강의실에서 쫓아내시는 분위기네요. (청중 웃음)

정책을 어떻게 바꿔야 할까? - 노동의 관점에서

안 이제 대안 이야기로 넘어가 볼게요. 자동차 산업 전환으로 타격을 받는 노동자들을 위해, 또 사회 전체를 위해 어떤 대책이 필요할까요?

형 우선 실업 보호가 아주 중요하다고 생각합니다. 소극적인 노동시장 정책이라고도 이야기하는데요. 어쨌든 노동자가 실업 상태가 되지 않게 하는 것이 매우 중요해요. 해고나 희망퇴직으로 실업이 발생하기도 하지만 부품사의 도산이나 파산으로 실업이 발생할 수도 있어요.

그리고 저희 금속노조에는 많이 속해 있지 않지만 아까 말한 부품사 노동자 24만 명 중에 3차 이하 하청 업체에 소속된 분들이 있어요. 이분들, 3차 이하 하청 업체 노동자들의 절반은 회사 규모가 10명쯤 되는 곳에서 일합니다. 이런 업체들은 빠르게 생겨났다가 빠르게 없어져요. 업체가 계속 유지되지 않을 거라고 다들 생각하니 노조도 안 만들어집니다. 실태가 그래요. 직장이 없어져서 사람들이 쫓겨나죠. 그런데 이 없어진 업체는 지불 능력을 가지고 있지 않은 이른바 '깡통' 회사였기 때문에, 노동자들이 그 '깡통'을 다시 재가동할 수 있으리라는 희망을 품지 못합니다. 그래서 이들의 생계를 어느 정도, 얼마 동안 보호할지 정해서 실업 대책을 미리 만들어야 합니다.

그리고 실업 대책만으로는 부족한 부분이 있겠죠. 예를 들면 자동차와 관련해서 새롭게 생기는 일자리들이 있는데, 업계에서 숙련도가 높은 노동자들을 여기로 재배치해서 자동차 산업 내부에서 이동 가능하게 하면 가장 좋겠지요. 만약 자동차 산업 내에 다 수용하기 어렵다면 능력 조사를 해서 다른 산업으로 적절히 전환하도록 해 줄 준비를 갖춰야 합니다. 지금 이야기되는 지원책 같은 것들보다 훨씬 더 광범위한 시스템으로 준비되어야 할 겁니다.

그리고 금속노조는 지금까지 산별 협약에 하도급법을 지킨다는 약속이라든가 불공정 거래를 하지 않겠다는 약속을 포함시켰습니다. 여러 번 포함시켰어요. 표준계약서도 쓰기로 했고, 이것저것 협약에 넣었는데도 현실은 별로 안 변해요. 왜 그럴까요? 법이나 규제가 들어올 수 있는 영역은 한계가 있고 근본적으로 생태계의 독점 구조 문제가 있기 때문이에요.

경제에서의 독점 구조가 법보다 훨씬 근본적이고 강력하기 때문에 생태계 구조를 강제로라도 변화시키지 못하면 계속 곪은 데가 또 곪고, 다른 데로 전염돼서 곪고, 그렇게 갈 가능성이 있습니다. 그리고 그 대가는 전부 노동자들이 치르게 되죠. 그래서 산업정책이 기업을 지원하는 부분도 필요하겠지만, 기본적으로 지금은 독점 구조를 어떻게 해체하고 중소기업들을 어떻게 육성할지에 초점을 맞춰야 한다고 봅니다. 물론 정부가 의지가 없으니 부질없는 이야기일 수도 있겠지만요.

이걸 실현할 수 있는 방안에 대해서는…… 사실 금속노조도 자동차 산업 전체를 통제할 수 있는 자격을 가지고 있거나 그만큼 신뢰를 받고 있지는 못한 것 같은데요. 그럼에도 불구하고 노동자들이 자동차 산업에 일정 부분이라도 통제력을 발휘하려면 산별적 노사관계가 형성되어야 합니다. 산별 노동조합을 활성화하는 흐름이 반드시 필요해요.

안 크게 3가지로 이야기를 해 주셨어요. 실업 대책 마련, 노동력의 이동 방안 마련, 그리고 생태계의 독점 구조 재편.

오 저도 3가지 정도로 이야기할게요. 가장 중요한 건 산업 전환 과정의 일자리와 관련한 지점인데요. 재취업 중심으로만 얘기하지 말고 조금 더 근본적인 해법을 가져가는 게 좋겠다는 겁니다.

특히 대선 이후에는 노동 시간 단축과 관련한 의제가 전면에 나오기를 바랍니다. 노동 시간 단축을 통한 일자리 유지와 확대. 이걸 정부가 정책적으로, 법제도적으로 뒷받침하라고 요구해야 합니다.

독일의 경우 기존에 주 5일, 하루 7시간 노동하는 주 35시간제를 채택하고 있었는데, 독일 금속노조가 올해 주 4일 28시간제를 요구했거든요. 파업을 통해 주 28시간제 단체 협약을 체결하려고 했던 겁니다. (청중 탄성) 꿈같은 얘기라고 생각하시나요? 보쉬나 ZF 같은 곳들은 실제로 주 28시간제를 채택했어요. 폭스바겐의 경우 끝까지 주 28시간제는 채택하지 않고 작년 성과급을 조금 더 주는 걸로 정했고요. 우리도 이런 식으로 노동 시간을 단축해서 일자리를 유지하거나 늘리는 방안을 찾아야 한다고 생각합니다.

그리고 전기차로 전환하게 되면 직무 전환 교육이 필요합니다. 배터리 화재가 많이 발생한다고 하잖아요. 전기차 운전 중에 불이 나는데 생산 중에는 불이 안 날 것 같습니까? 불이 많이 나요. 쉬쉬해서 그렇지. 현대차에서도 생산 과정에 배터리 문제로 전소된 차가 있어요. 외부로 공개를 안 하지만요. 그렇다면 작업을 하는 노동자들도 이게 왜 위험한지를 알아야 하잖아요. 전기차가 외관은 내연기관차와 똑같지만 내부는 완전히 다른 차거든요. 그래서 전기차의 구동 원리나 위험 요소 등에 대한 직무교육, 안전교육 같은 것들이 필요합니다. 독일에서는 직무와 관련된 교육 시간을 노동 시간으로 인정해요. 이것도 일자리를 유지하거나 늘리는 하나의 방편이에요.

우리는 사회 전체가 성장에만 빠져 있는데, 일을 더 많이 해서 성장률을 높이려고 하기보다는 일을 줄이는 방향으로 전체 시스템을 재설계하는 게 필요하지 않을까요? 그런 취지에서도 독일과 비슷한 방향으로 가는 게 맞다고 봐요.

다음으로 지금의 정부 정책을 저는 탄소 저감이 아닌 '노조 저감'이라고 아까 말씀드렸는데, 실은 안전을 위해서도 노동조합의 역할을 강화할 필요가 있습니다. 특히 배터리 산업이 커질 텐데, 배터리를 제조하는 과정에 우리가 지금까지 접해 보지 않은 물질들을 많이 만지거든요. 니켈, 코발트, 리튬……. 솔직히 여기서 무슨 문제가 생길지 아무도 알 수가 없어요. 배터리 쪽은 노동조합도 거의 없고요.

안 기존 전자제품 배터리와 완전 다른가요?

오 같긴 한데 배터리만 한데 모아 놓는 시스템이기 때문에 열이 많이 나서 화재 위험이 있어요. 그래서 이런 분야일수록 노동조합을 제대로 세워야만 차도 안전해지고 노동자도 안전해집니다. 이런 분야에 노동조합을 할 수 있는 환경을 더 잘 만들어 줄 필요가 있어요.

미국의 바이든 행정부가 내놓은 전기차 보조금 정책 중에 재밌는 게, 미국 노조원이 생산한 차에는 보조금을 2,500달러를 더 줍니다. 이른바 '더 나은 미국 재건 법안(Build Back Better Act)'을 따르는 것이죠. 그런데 한국 자동차 산업협회가 미국 의회에 반대 의견을 제출했습니다. 왜? 현대차는 미국에 노조가 없거든요. 진짜 '쪽팔린' 얘기입니다. 미국은 노조원이 생산하면 보조금을 더 주는 수준의 상상력을 발휘하는데, 한국은 노조가 없어야 생산을 하겠다는……. 국제 사회에서 망신당하기 딱 좋은 아이디어죠.

미국이 이렇게 나오니까, 지엠하고 LG가 합작해서 만든 얼티엄 셀즈[Ultium Cells] 배터리 공장이 있는데 원래 노조를 인정 안 하다가 최근에 지엠이 정책을 바꿨어요. 노조를 인정하는 걸로요. 노조원이 만든 배터리를 탑재해야 2,500달러를 더 준다고 하니까 정책을 바꾼 겁니다. 이런 식으로 노동권 보호를 유도하는 장치들을 만들 수 있어요. 산업 전환 정책으로 이런 것들도 고민해 봐야 합니다.

최 약간 다른 이야기일 수도 있는데, 저는 노동자들이 미래가 불확실하다는 걸 인식하시는 게 가장 시급한 것 같아요. 기후위기 대응은 세계적인 흐름이라 한국 정부도 따라가지 않을 수 없어요. 그러다 보면 어떤 식으로든 전환이 이뤄질 거고요. 그런데 전환 산업 노동자들은 내 앞에 어떤 변화가 일어날지를 아직 잘 모르시는 것 같아요. 사실 기업들은 생존이 걸려 있기 때문에 무조건 바꿀 거거든요.

그래서 노동조합의 역할이 더 중요해질 것 같아요. 그래서 노조가 힘을 더 내셔야 하고요. 생각을 해 보면 노조가 요구를 해야 합니다. 노동자들이 새로운 산업에 필요한 직무 능력과 숙련을 갖출 수 있도록, 충분한 교육을 해 달라고 스스로 요구해야 합니다.

또 하나, 기후위기 대응에 대해서 노동계와 노동조합이 더 적극적으로 목소리를 내주면 좋겠어요. '우리가 정말 피해자다, 우리는 진짜 발등에 불이 떨어졌다, 빨리 대책을 내놓아라.' 이런 이야기를 더 적극적으로 하시면 좋겠습니다. 환경단체들만 기후위기 대책을 요구하는 게 아니라 노동계에서도 요구하고 사회 전체가 요구하는 거죠.

형 금속노조가 이번에 기후위기 대응 금속산업 노사공동선언을 했는데요. 거기에 '탄소 배출 저감 정책은 신속하고 일관되게 추진할 과제다.'라는 문구를 담았어요. 그런데 '신속하고 일관되게 추진'이라는 문구를 노사공동선언 합의서에 넣기까지 굉장히 힘들었습니다.

최 올해 초였나요? 금속노조 대의원대회에서 기후위기 특별결의문을 채택했잖아요. 제가 그걸 보고 반가워서 기사를 썼어요. 그런데 회사에 그걸 인식시킨다는 건 정말 쉽지 않겠지요.

사실 제가 아까 하려던 이야기가 있는데, 정부가 '정의로운 전환'을 내세워서 계속 산업계에 면죄부를 주고 있다는 거예요. 정부의 논리는 급하게 전환을 하고 탄소 배출을 줄이도록 기업에 요구하면 노동자를 보호할 수 없다는 겁니다. 그러면서 탄소중립에서 '정의로운 전환'이 가장 중요한 과제기 때문에 기업에 너무 많은 것을 요구해선 안 된다는 이야기를 공개적으로 하거든요.

이번에 탄소중립위원회 발표 때도 시민 500명 대상으로 설문조사를 했는데, 1차부터 4차까지 1개월 동안 네 번 조사를 했거든요? 질문이 50개쯤 있는데 이른바 '정의로운 전환'을 강조하는 질문이 많았어요. 그러면 사람들이 모두 정의로운 전환이 중요하다고 답합니다. 그런데 탄중위는 그 결과를 가지고 '이거 봐라, 산업 전환은 쉽지 않다.' 이런 식으로 이야기를 합니다.

그래서 노동계에서 먼저 산업 전환이 중요한 이슈가 맞다, 노사가 공동으로 대응할 수 있는 방안을 빨리 찾자, 이렇게 치고 나갔으면 하는 바람이 있어요. 시민들과 노동자들이 나서서 요구하지 않으면 정부가 '정의로운 전환'이라는 좋은 말을 기업에 유리하게만 이용할 수도 있다고 생각해요.

형 '전환의 전제로서의 정의'와 '정의로운 전환'은 조금 다르죠.

정의로운 전환 '정의로운 전환(Just Transition)'은 1970년대 미국 석유·화학·원자력 노조의 지도자 토니 마조치(Tony Mazzochi)가 주창한 데서 비롯된 개념이다. 에너지와 기후위기에 대응하는 산업 재편의 과정에서 노동자가 희생되는 게 아니라 노동 친화적인 대안이 제공되어야 한다는 뜻이다.

‘정의로운 전환’은 일단 전환을 신속하게 하는 것이 중요한 과제라는 걸 먼저 선언해 놓고 그런데 그 과정이 정의로워야 한다, 그 정의도 신속해야 한다고 이야기하는 형태이고, ‘전환의 전제로서의 정의’는 정의로운 조건이 만들어지기 전까지는 전환에 동참하지 않겠다는 의미가 내포될 수 있죠. 후자라면 기업에 핑곗거리만 줄 수 있어요.

최 순서가 바뀌었어요.

형 그렇죠. 순서가 바뀌었습니다.

최 진짜로 소통이 안 되는 상황이에요. 한국의 기후위기 대응은 쫓기듯 이루어져서 소통 없이 그냥 막 가고 있어요. 노동계 의견을 수렴하지도 않고, 아래에서부터 어떤 움직임이 만들어질 시간적 여유도 없이, 정부와 기업이 손잡고 막 달려가고 있어서 저도 참 안타까워요.

오 NDC(국가 온실가스 감축목표) 40%를 이야기하고 그 숫자를 국제 사회에 제시하고는 무슨 긍정적 평가를 받았다느니 하던데, 그런 숫자보다는 실현 가능한 계획이 필요합니다.

그러니까 NDC 숫자 많이 높이지 않는다고 욕 많이 안 할 테니 제발 앞에 말한 걸 정말 제대로 이행하기 위한 수단을 마련하고 구체적인 정책을 내놓으라는 겁니다. 지금은 계속 숫자만 내놓고 있는 상황인 것 같아요.

최 NDC를 40%로 맞추려고 노력했어요. 문재인 대통령이(2021년 기준) 글로벌 정상회의 자리에 가서 4라고 말을 해야 되니까 앞자리 수를 바꾼 거죠.

오 네. 문제는 이걸 집행할 사람은 문재인이 아니라는 거죠. 차기 행정부가 부담을 짊어지는 겁니다.

안 네. 이제 마무리를 해야겠어요. 기후위기 대응이든 산업 전환이든 결국은 우리가 지속가능한 생존을 위해 공동체 차원에서 노력하자는 거잖아요. 이게 또 하나의 성장 일변도 정책이 되어서 친재벌, 노동 배제로 흘러가서는 안 될 것 같습니다.

방청객 2 정부가 기후위기에 대응한다면서 실제로는 대기업과 현대차에게 몰아주는 방향으로 가고 있다는 걸 느꼈습니다. 산업 전환이라는 건 어떻게 보면 낡은 구조를 바꿀 수 있는 기회인데, 자칫하면 노조를 더 철저히 배제하고 노동자 권리를 박탈하게 될 수도 있겠어요. 걱정스럽고요. 노조의 대응이 중요하고 또 시민들도 관심을 많이 가져야 할 것 같습니다.

안 꼬박 2시간 동안 이야기를 나눴는데요, 말씀하신 분들 고생 많으셨고, 들어주신 분들도 감사합니다.

이제 기억이 희미해졌을 수도 있지만, 애초 문재인 정부의 노동 공약에는 불법파견 문제 해결을 비롯해 좋은 내용이 상당히 많이 담겨 있었다. 그러나 그 좋은 공약들은 지켜지지 않았다. '최저 임금 1만 원'의 약속은 최저 임금 산입범위 개악으로, '공공 부문 정규직화'의 약속은 자회사 정규직화로 변질되었다. 이번 좌담에서는 문재인 정부의 노동 공약들이 지켜지지 않은 과정과 그 이유를 짚어 보고, 좋은 일자리 창출을 위해 다음 정부가 반드시 해야 할 일들을 제시한다.

3부

일자리 정책 유감

오민규(오) 노동문제연구소 해방 연구실장

안진이(안) 더불어삶 대표

김영윤(윤) 한국지엠 부평 공장 청년 노동자

사회자 더불어삶 회원

방청객 1,2,3 더불어삶 회원들

사회자 안녕하세요. 오늘 사회를 맡게 된 더불어삶의 김○○입니다. 오늘 유익한 이야기가 많이 나오길 기대합니다.

오 반갑습니다. 오민규입니다.

안 안녕하세요. 안진이입니다. 오늘은 제가 사회가 아니라 함께 논의하는 역할을 맡게 되었습니다. 오민규 실장님 말씀 들으면서 보태고 싶은 것들을 이야기하는 정도로 할게요.

윤 안녕하세요. 김영윤입니다. 한국지엠 부평 공장에서 근무하고 있습니다. 한국지엠 사내 2차 하청 업체에서 일하고 있고요. 비정규직지회 조합원이기도 합니다.

사회자 모두 반갑습니다. 본격적인 논의를 시작하기 전에, 김영윤 조합원께서는 어떤 부품을 만드시는지 궁금한데 여쭤봐도 될까요?

윤 저는 공장 안에서 부품을 만드는 일을 하지는 않습니다. 한국지엠 부평 공장의 경우 메인 자동차 라인에는 정규직들이 근무하고 있어요. 예전에는 도어 라인이라고 해서 문을 만드는 공정이 비정규직 공정이었는데, 인소싱을 해서 정규직들이 그 자리에 들어오고 비정규직들이 해고되는 일도 있었지요. 지금은 라인 공정에서 일하는 사람들은 다 정규직이고요. 비정규직은 라인 주변에서 일해요. 저는 외부에서 물건이 들어오면 그걸 라인 공정에 보급하는 역할을 해요. 그러니까 사내 물류 업무를 주로 합니다.

제가 알기로 부평 공장에 정규직 노동자는 사무직을 포함해서 7,000~8,000명 정도 되고요. 비정규직 노동자는 경비·청소·식당 다 포함해서 1,100명 정도입니다.

안 그런 식으로 하청 업체 노동자들에게 사내 물류를 맡기면 불법파견이 아닌 게 되나요?

오 기업들은 그렇다고 생각하는 것 같은데, 몇 년 전부터 사내 물류가 불법파견이라는 판정이 계속 나오고 있습니다.

안 아, 그렇군요. 그럼 불법파견 여부를 다투고 계시겠네요.

비정규직이 800만 명이라는데…

사회자 그럼, 본격적인 논의를 시작하겠습니다. 일단 한국에는 괜찮은 일자리가 부족하고, 흔히 '이중구조'라고 표현하는 노동시장 격차가 굉장히 큽니다. 그 격차가 문재인 정부를 거치면서 줄어들기는커녕 더 커진 느낌입니다.

그리고 2021년 말, 정부 통계로도 비정규직이 800만 명이라는 발표가 나왔습니다. 보통 정부 통계는 실제 비정규직 규모보다 작다고 하던데, 그럼에도 불구하고 800만이라는 수치가 나왔어요. 이 숫자는 어떤 의미가 있을까요?

오 800만이라는 숫자에는 우리가 흔히 알고 있는 비정규직은 포

불법파견이란? 파견법에서는 파견사업주(노동자를 고용한 회사)와 사용사업주(실질적으로 노동자가 일을 하는 회사) 사이에 근로자 파견계약을 맺은 경우를 파견으로 본다. 파견 가능 업종은 대통령령으로 정해진 32개 업종으로 제한된다.
불법파견은 이 파견법을 어긴 것인데, 크게 ①위에서 제시된 32개 업종이 아닌 분야에 파견이 이뤄졌을 때, ②법으로 정해진 파견 금지 업무에 파견이 이뤄졌을 때, ③2년을 초과해 파견이 이뤄졌을 때, ④파견 기간이 초과했을 때, ⑤파견사업주가 파견 허가를 받지 않은 상태일 경우로 나눠 볼 수 있다.
파견법을 어긴 회사들은 통상 자신들이 합법적으로 사내하도급을 실시했다고 주장한다. 하도급이란 원청 업체가 하청 업체에게 대가를 제공하고 특정 작업의 완성을 요구하는 것인데, 하청 업체의 노동자는 하청 업체의 업무지시만을 따라야 한다. 파견을 해서는 안 되는 원청 사업주가 원청 작업장 안에서 일하는 하청 업체 노동자에게 실질적인 업무지시를 했다면 '불법파견'으로 인정된다.
좌담에서 언급된 한국지엠 사내 물류 업무의 경우, 한국지엠 측은 자신들이 직접적인 업무지시를 하지 않았으므로 합법적인 사내하도급이라고 주장하고 있다. 그러나 2022년 현재 사내하청 노동자들이 제기한 불법파견 소송에서 서울고등법원과 인천지법이 노동자들의 손을 들어 준 상태다.

함되지만, 여기에 빠져 있는 비정규직도 많습니다. 대표적으로 사내 하청이 빠져요. 도급 업체의 정규직이라는 둥 희한한 논리로 비정규직이 아니라고 비켜 갑니다. 또 하나는 겉보기에 상용직처럼 보이는 노동자들이 다 빠져나가요. 일당을 받으면서 일용직으로 계속 일하는 분들도 정부 통계 기준으로는 정규직 비슷하게 잡혀요. 그래서 그런 노동자들이 빠져나가고요. 아예 노동자로도 안 잡히는 특수고용이나 플랫폼 노동 쪽에도 비정규직에 포함 안 되는 노동자들이 많아요. 그리고 어떤 통계에도 안 잡히는 미등록 이주 노동자 같은 사람들이 있겠죠.

한국의 임금 노동자를 2,000만 명으로 본다면 비정규직 규모는 1,000만 명을 훌쩍 넘었다는 것이 저의 추측입니다.

사회자 숨은 비정규직, 또는 불안정 노동이 많다는 거네요.

오 참, 그리고 정부에서 발표하는 수치가 늘었다 줄었다 하는 건요. 2018년에 통계 작성 기준을 바꿨거든요. 그래서 이야기하기 애매한 지점이 있습니다. 2017년 데이터와 2018년 데이터를 비교하면 비정규직이 꽤 많이 늘어났거든요? 그런데 그게 통계 기준이 바뀌었기 때문이라고 변명을 해요.

문제는 2018년 이후입니다. 현재 2020년 통계, 2021년 통계까지 나왔죠? 2018년 이후 통계만 봐도 비정규직 규모가 계속 늘어나는 겁니다. 정부 통계로도요. 그러니까 통계 기준을 바꿨음에도 불구하고 민간 부문을 포함한 비정규직 규모가 커졌다는 점, 이 점에 대해서는 변명의 여지가 없습니다.

정부 비정규직 통계

(단위: 천명, %)

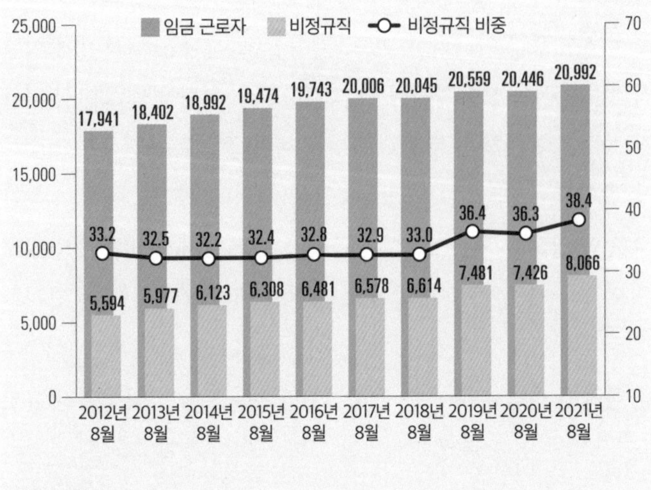

자료: 통계청

주: 기존 미포착 기간제 규모가 반영돼 한시적 근로자를 포함한 비정규직 규모의 경우, 2018년 이전과 2019년 이후 증감 비교 불가함

문재인 정부의 노동 공약 - 있을 건 다 있었다

사회자 정부가 좋은 일자리를 새로 만드는 것도 중요하지만, 기존에 있는 비정규직 등의 불안정한 일자리를 좋은 일자리로 전환시키는 것도 필요하지요. 또 일자리 격차 해소도 중요하고요. 문재인 정부는 촛불 정국을 배경으로 등장했는데, 공약이나 초기 정책에 이런 고민들이 담겨 있었나요?

오 100% 만족스럽지는 않았지만 문재인 정부의 노동 정책을 보면 있어야 할 항목들이 거의 다 있었습니다. 사실 그건 더불어민주당의 본래 색깔이나 정책이었다기보다 촛불에 힘입은 바가 컸죠.

당시 박근혜 국정농단에 "재벌도 공범이다."라는 구호가 터져 나왔고, 그래서 정치 민주화에 대한 요구뿐 아니라 경제 민주화를 비롯해 사회 전 영역에서 민주주의를 요구하는 목소리가 높았잖아요. 또 하나는 2008년 광우병 촛불 때는 촛불 행진을 주관하는 운동본부가 참여연대 사무실에 있었는데, 2016년 촛불 때는 1,600여 개 단체로 구성된 퇴진행동본부가 민주노총에 있었어요. 민주노총이 전체 퇴진행동 실무의 상당 부분을 담당했고요. 그런 만큼 노동의 목소리가 촛불에 상당히 많이 반영될 수 있었습니다.

그래서 문재인 정부의 공약을 보면…… 공공 부문 비정규직 제로라든지 최저 임금 1만 원이라든지, 들어가야 할 내용은 거의 다 들어가 있었습니다. 물론 각론으로 들어가면 언제까지 해야 된다, 얼마를 해야 된다 이런 데서 약간씩 차이가 있었지만요. 그리고 비정규직 사용 사유 제한이라든지, 간접 고용의 경우에 공동 사용자 책임을 지워야 된다, 특수고용 플랫폼 노동자의 노동 기본권을 보장한다……. 항목별로 진짜 다 들어가 있었습니다.

안 저도 문재인 정부 노동 존중 공약 중에 좋은 것이 정말 많았다고 생각합니다. 공약에 세부 항목의 개수도 많았어요. 말씀하셨듯이 촛불 정국을 배경으로 '이제는 뭔가 달라져야 한다.', '을들의 목소리가 반영되어야 한다.'는 요구가 있었기 때문일 겁니다.

일단 2017년 대선에서 문재인, 유승민, 심상정, 홍준표, 안철수 후보가 모두 최저 임금 1만 원 공약을 내걸었어요. 그런 공약이 당연하게 받아들여지는 분위기였죠. 다음으로 비정규직을 절반 감축해서 OECD 수준에 맞추겠다는 거, 과감하고 좋은 목표잖아요? 다음 정부도 이걸 해야 한다고 저는 생각하고요. 또 문재인 정부 노동 공약 중에 부당해고 재판에서 최초로 복직 판정받으면 즉시 복직시키도록 한다는 내용이 있었어요. 이게 실현됐다면 지금 부당해고 싸움들이 벌어지고 있는 현장 중 상당수에 영향이 있었을 겁니다. 그리고 비정규직 사용 사유 제한을 비롯해서 제법 파격적인 공약들이 많이 들어가 있었습니다. 안 지켜서 문제죠.

지켜지지 않은 문재인 정부 노동 존중 공약 50개

이 50개 공약은 2019년 5월 10일 '비정규직이제그만'에서 정리해서 발표한 것으로, 별도의 설명이 없는 공약들은 2022년 3월 현재까지도 지켜지지 않고 있는 것이다.

1. 희망퇴직남용방지법
   -퇴직 블랙리스트 작성 금지
   -배치전환·대기발령 제한
2. 사직숙려제도(쿨링오프제) 도입
3. 용역 업체 변경 시 고용 근로 조건 승계 의무화
4. 최저 임금 1만 원
5. 성평등임금공시제
6. 직장 내 성차별에 대한 근로 감독 강화
7. 기업별 노동시간공시제 도입
8. 실업급여 수급 자격(가입 기간) 완화
9. 자발적 이직자 실업급여 1/2 지급
10. 5인 미만 사업장에 대한 합리적 개선 방안 마련
11. 특수고용 노동자 고용보험 적용(실제로 2022년 1월 1일부터 적용됨)
12. 공공 부문 상시일자리 비정규직 정규직 전환

13. 민간기업 비정규직 사용 목적 및 업무 공시 의무화
14. 상시지속업무 비정규직 사용 사유 제한 제도 도입
15. 비정규직 고용 상한제
16. 비정규직 차별금지 특별법 제정
17. 1년 미만 근속자 퇴직급여 보장
18. 근로 조건 결정 산업안전 분야 등 공동사용자 책임 법제화
19. 불법파견 판정 시 즉시 직접 고용 제도화
20. 최저 임금 전담 근로감독관 신설
21. 장시간 노동 사업장 특별근로 감독 실시
22. 출퇴근시간기록의무제(칼퇴근법) 도입
23. 포괄임금제 규제
24. 퇴근 후 '카톡' 업무지시 근절 대책 마련(20대 국회에서 일명 '퇴근 후 업무 카톡 금지법'이 발의되었지만, 과잉 규제라는 반론에 부딪쳐 통과되지 않음)
25. 체불 임금 외에 동일한 금액(100%) 부기금제도 도입
26. 고액상습체불사업주 반의사불벌죄 적용 제외
27. 임금채권 소멸시효 3년→5년 연장
28. 체불 임금 지연이자(연 20%) 재직 노동자에도 적용
29. 청년 · 알바 체불 임금 국가가 지급 구상권 행사(2021년 10월부터 고용노동부 조사로 체불 사실이 인정되기만 하면 체불 임금을 먼저 지급하고 나중에 구상권을 행사하게 됨)
30. 노동인권교육 교육과정 의무화
31. ILO(국제노동기구) 핵심협약 비준(2021년 4월 비준 절차를 마침. 그러나 ILO 핵심협약 제87호와 98호, 29호를 비준하고 강제노동 폐지 협약인 제105호는 비준하지 않음. 또 ILO 핵심협약 기준에 맞게 노조법을 개정하는 작업도 미흡하다고 지적됨)
32. 특수고용 노동자 실직자 구직자 노동기본권 보장
33. 근로시간면제제도 및 교섭창구단일화제도 개선 방안 마련
34. 산별교섭 초기업단위 단체교섭 촉진
35. 단체 협약 적용 범위 확대 및 효력확장제도 정비
36. 무분별한 손배가압류 남용 제한
37. 근로자 대표 선출 임기 구성 권한 등 보장

38. 경찰 · 소방공무원 직장협의회 구성(소방공무원의 경우 2021년 공무원노조법 개정으로 노동조합이 만들어짐. 경찰공무원의 경우 기존에 각 경찰서별 협의회 구성만 가능했으나, 법률 일부 개정으로 전국 단위 직장협의회 구성이 가능해짐)
39. 부당해고 최초 복직 판정 시 즉시 복직 의무 도입
40. 하청, 특수고용 노동자 산압안전보건법 상 근로자 개념 도입
41. 유해 위험 작업 사내하도급 전면 금지
42. 중대재해 산재다발 사업장 민형사상 책임 강화
43. 위험 발생 후 작업 재개 동의권 원·하청 근로자 모두 부여
44. 유급 가족돌봄휴직제도 도입(2020년 1월부터 '가족돌봄휴가'가 생기긴 했으나 기존의 '가족돌봄휴직'을 쪼갠 것에 불과했고 유급도 아니었음. 그러다가 2020년 코로나19 사태가 발생하자 가족돌봄휴가를 쓴 모든 노동자에게 지원금을 지급한다고 발표했는데, 이런저런 조건이 붙어 있어서 실제로 혜택을 본 노동자가 얼마나 되는지는 미지수)
45. 대체공휴일제 확대(2021년에 대체공휴일 확대 법안이 국회를 통과함. 그러나 5인 미만 사업장을 예외로 남겨 놓아 큰 박탈감과 불평등을 야기했음)
46. 알바존중법 도입
    -강제근로 금지 상세화
    -폭행 유형에 정신·정서적 학대 포함
47. 중대사고 기업처벌법 제정(중대재해법이 제정되긴 했으나 정부와 여야의 의지라기보다 10만 국민의 발의와 산재 유가족 및 시민사회의 단식 농성이 동력이 되었음. 원래 '기업살인처벌법'이어야 했으나 법 제정 과정에서 '중대재해법'으로 바뀌었고 시행령에 문제가 많다고 지적되고 있음)
48. 동일노동 동일임금 동일처우 적용
49. 비정규직 OECD 수준으로 절반 감축
50. 공공 부문 일자리 81만 개 창출(좌담 내용 참고)

자료 제공: 비정규직이제그만

사회자 말만 좋았지 실제로 실행된 건 별로 없는 것 같네요. 김영윤 조합원께서는 혹시 2016년 말 촛불 때도 부평 공장에 근무하고 계셨던 건가요? 그때 혹시 문재인 대선후보의 노동 공약을 보셨나요?

윤 그때는 제가 학생이었어요. 알바를 하면서 지내긴 했지만, 그 당시에는 노동 공약까지 찾아볼 정도로 관심이 많진 않았어요.

"공공 부문 비정규직 제로" 선언 이후 어떻게 달라졌나

사회자 그럼 다음 질문으로 넘어가 보겠습니다. 문재인 대통령이 (2022년 1월 기준) 취임 직후에 했던 일이 인천국제공항 방문입니다. 인천에 가서 공공 부문 비정규직을 제로로 만들겠다고 선언했죠. 공약을 보면 공공 부문 상시 일자리 중에 비정규직을 정규직으로 전환하고, 그래서 공공 부문에서 81만 개의 일자리를 창출한다고 했고요. 이 방향은 잘 잡은 건가요?

오 저는 날짜까지 기억합니다. 5월 9일에 당선되고 5월 11일에 인천공항에 갔어요. "공공 부문 비정규직 제로"라는 표현은 일찍이 대선 때 사용된 적이 없는 표현입니다. 그걸 듣고 모두들 놀랐지요. 정확한 표현은 사회자께서 말씀하신 대로 "공공 부문 일자리를 81만 개 창출한다."는 거였지요.

정책의 내용은 3가지였습니다. 일자리 30만 개 정도를 정규직으로 전환한다, 그러니까 81만 개 일자리를 새로 만든다는 게 아니고 그중 30만 개는 비정규직을 정규직으로 바꿔서 일자리의 질을 높인다는 계획이었고요. 또 하나는 사회서비스원이죠. 지역별로 돌봄, 요양, 시설관리 관련 일자리 30만 개 정도를 공공이 직접 고용으로 흡수한다는 겁니다. 그리고 나머지 20만 개 정도는 공공 부문에서 노동 시간 단축을 통해 일자리를 늘린다고 했습니다.

그렇게 81만 개로 설계된 정책인데, 아주 만족스럽지는 않지만 출발점으로는 상당히 의미 있다고 봐요. 공공 부문은 정부가 사용자니까 일자리 정책을 직접 좌우할 수 있잖아요. 공공 부문에서 이걸 구현해서 민간 부문으로 잘 넘겨주면 참 좋았겠지요. 하여튼 방향 자체는 좋았다고 보고요. 분명히 박근혜 정부 때와 비교해서 나아진 점도 있어요. 박근혜 정부도 공공 부문 기간제 노동자를 정규직으로 전환하는 작업은 일부 했거든요. 10만 명 가까이 전환했어요. 그런데 문재인 정부는 기간제만이 아니라 파견·용역 등 간접 고용 노동자들도 정규직 전환 대상에 포함시켰습니다. 이건 박근혜 정부 때에 비해 진일보한 내용입니다. 그러니까 방향 자체는 좋았다고 할 수 있습니다.

사회자 네, 방향은 잘 잡았다는 말씀이고요. 그런데 다들 기억하시겠지만 인천공항 정규직 노동자들의 반발이 언론에 많이 보도되면서 이른바 '공정성' 논란이 시작됩니다.

오 저는 인국공(인천국제공항공사) 사태에 공정성이라는 딱지를 붙이는 것 자체가 불합리하다고 봅니다. 정규직 노동자들이 표면적인 것만 보고 반발을 했고요. 솔직히 저는 이해할 수 없습니다. 왜냐하면 그들이 시험 치르고 들어가려고 하는 일자리와 공공 부문 정규직화 대상 일자리는 아무런 관련이 없거든요. '왜 너희들은 시험 안 치르고 들어오려고 하느냐?' 뭐 이런 거잖아요. 그런데 정규직 전환한다고 했던 그 일자리들은 경쟁하는 일자리가 아니에요. 기존에 경쟁 채용을 해 본 역사도 없는 자리입니다. 아주 폼 나는 일자리라고 하기도 어렵고요. 그걸 무슨 엄청난 로또처럼 이야기하는 것 자체가 불합리한 일입니다.

제가 보기에 정규직이 느꼈을 위기의식은 단 하나입니다. 인천공항 정규직 규모가 당시 3,000명 정도였어요. 그런데 정규직 전환 대상으로 뽑힌 비정규직이 1만 명이었거든요. 1만 명이 다 정규직으로 전환될 경우 돈이나 자리는 문제가 없지만 노동조합 질서가 완전히 바뀌죠. 간접 고용이 정규직으로 전환되는 규모가 기존 정규직보다 더 많아지게 되니까요. 그래서 노동조합의 기존 질서를 지키려고 하는 움직임이 표면으로 나타났을 겁니다. 문재인 정부에서 공공 부문 정규직들의 반발이 많았던 곳을 보면 다 똑같습니다. 비정규직을 정규직으로 전환해야 하는 규모가 정규직보다 많은 곳에서는 어김없이 반발이 있었어요. 도로공사, 철도공사, 지하철공사도 그렇고요.

그리고 인천공항의 경우에는 정말로 일자리 문제가 발생하지 않는 상황이었어요. 그때 인천공항 2터미널이 새로 생겨서 3,500개의 새로운 일자리가 만들어지고 있었거든요. 일자리가 사라질 상황이 아니고 일자리가 증가하고 있는 상황에 정규직 전환이 같이 갔기 때문에 선순환 가능성이 활짝 열려 있었어요. 이게 그냥 하는 얘기가 아닙니다. 당시 민주노총을 대표해서 제가 공공 부문 가이드라인 협상을 직접 했는데, 고용노동부 파트너가 항상 이걸 강조했어요. '인천공항은 걱정도 안 한다. 3,500개 일자리가 새로 생기니까. 그래서 정규직 전환 과정에 탈락할 사람도 없을 거다.' 저랑 유일하게 의견이 안 맞았던 지점은 자회사 문제였지요. 고용노동부에서는 자회사 정규직으로 해야 한다고 했어요. 나머지는 당시 정부에서도 이견이 없다고 했어요. 오히려 '인국공 사태'라고 해서 일이 벌어진 건 그로부터 약 2년 지나서였죠. 인천공항 비정규직 정규직화는 2017년에 1차 합의를 하고 나서 지난한 교섭 과정을 거쳤거든요. 자회사가 되느냐 안 되느냐, 전원 직접 고용을 다 해야 한다 등등. 실제 전환이 시작된 2018~2019년에 이르러서 이른바 인국공 사태라고 하는 말이 등장한 거고요. 처음에 합의했을 때는, 그러니까 2017년에는 그런 이야기가 전혀 없었습니다.

사회자 사실 저도 2년 전까지 기간제 교사로 일을 했거든요. 저의 개인적인 경험으로는…… 저는 그냥 묵묵히 일하고 있었거든요. 그런데 갑자기 정부에서 정규직을 시켜 줄 것처럼 얘기해요. 그러자 인터넷에서 정규직 교사들이 '그게 말이 되느냐.', '염치가 없다.'고 하더라고요. 얼마 후에 정부는 기간제 정규직화 안 시킨다고 했고요.

오 말이 나왔으니 기간제 교사 정규직 전환에 대해서도 잠깐 이야기하자면, 저도 그때 전교조하고 논의하면서 힘들었던 기억이 있습니다. 즉각적이고 전면적인 정규직 전환이냐, 아니면 기간제 교사의 정규직 전환 자체에 문제 제기를 하고 다른 방식을 취할 것이냐의 2가지 선택지를 놓고 논쟁이 진행되었는데, 저는 좀 이해가 안 갔어요. 기간제 교사들이 전면적이고 즉각적인 정규직 전환을 요구한 게 아니었거든요. 점진적이든 단계적이든, 시간이 얼마나 걸리든 간에 우선은 고용이 보장되기를 바라고 있었어요. 정규직 전환 여부를 떠나서요. 그리고 영전강(영어회화 전문 강사), 체전강(스포츠 강사) 등 4년에 한 번씩 잘리는 분들의 문제라도 해결을 해 달라는 거였죠.

정규직 전환에 있어서 기간제 교사만이 아니라 예비 교사들이나 임용고시를 준비하는 사람들과 이해관계가 엇갈릴 수 있다는 점은 충분히 이해할 수 있어요. 그렇다면 여기서 어떤 계획을 세우는 게 정당했을까요?

OECD 국가들의 학급별 교사 및 학생 비율을 보면 한국은 교사 수가 크게 부족합니다. 그렇다면 교사 채용 규모를 키우는 게 방법이죠. 4개년 내지 5개년 계획을 세워서 교사를 계속 충원하고, 충원 과정에 기간제 교사와 예비 교사의 비율은 어떻게 한다고 정하든지. 뭔가 이런 식의 고민을 했다면, 인천국제공항의 경우와 마찬가지로 일자리 숫자를 늘리면서 정규직 전환이 함께 가는 선순환 구조를 그릴 수도 있었다고 봅니다. 그런데 논의가 전혀 다르게 흘러갔어요. 즉각적이고 전면적인 정규직 전환이냐 아니면 정규직 전환 말고 다른 방안으로 가느냐, 이렇게 논쟁이 되는 것이 제 입장에서는 굉장히 안타까웠습니다.

기간제 교사 정규직 전환 문제는 이때가 처음이 아니었어요. 2016년이었나? 학교 비정규직 관련 법안을 유은혜 전 의원 이름으로 발의했다가 민주당에서 발의를 취소한 사건이 있었죠. 그때 기간제 교사 정규직 전환을 이야기했던 게 아닌데도, 노량진의 수십만 예비 교사들이 그렇게 받아들여서 항의 전화를 하고 난리가 났었거든요. 그러니까 우려되는 지점이 있다는 건 맞죠. 그 우려를 해결할 방안을 고민하면 되는 거였는데 정부는 기간제 교사 등을 아예 정규직 전환 대상에서 빼 버렸어요. 그 과정에서도 저희가 계속 이야기를 했고, 그러면 영전강, 체전강 등의 고용보장 방안이라도 내놓으라고 했던 겁니다.

안 앞 이야기로 돌아가서, 2017년 5월 11일에 문재인 대통령이 인천공항에 찾아가서 사진을 찍었잖아요. 당시 그 사진이 대대적으로 보도된 걸 다들 기억하실 거예요. 비정규직 노동자 11명을 데려다 앉혀 놓고 '공공 부문 비정규직 제로'라는 획기적인 선언을 했단 말이죠. 그런데 약간의 시비가 붙자마자 당황하고 그냥

학교의 비정규직 학교 현장에도 교육청에 소속된 교육공무직을 비롯, 청소 노동자, 과학교육 실무원, 급식 노동자, 조리사 등 여러 형태의 비정규직 노동자들이 있다. 그중 3가지 형태만 간단히 소개한다.

① 영어회화 전문 강사(영전강): 2009년 영어몰입교육 도입의 일환으로 생겨났으며, 각 시도교육청이 3차에 걸친 면접과 수업시연을 걸쳐 선발한다. 1년 단위로 교육청과 재계약을 하며 최대 계약 기간은 4년이다. 4년이 지나면 교육청에서 신규채용절차를 거쳐야 한다. 최근 일부 교육공무직이 무기계약직으로 전환됐으나 영전강은 전환 대상에서 제외된 바 있다.

② 초등학교 스포츠 강사(체전강): 체육 분야에 전문성을 갖춘 기능직이 필요하다는 취지에서 2008년 도입된 직종이다. 영전강과 마찬가지로 교육청 소속이며 1년 계약직이다.(원래는 10~11개월 계약직으로 퇴직금을 받을 수 없는 등의 불이익이 있었으나 1년 계약으로 바뀌었다.) 교육청에서는 체전강은 청년 일자리 창출 사업의 일환이므로 무기계약 전환은 불가하다는 입장을 고수하고 있다.

③ 급식 노동자(조리실무사): 국공립 학교의 경우는 교육청 소속이며, 사립 학교의 경우 사립 학교 재단 소속이다. 모든 학교에 급식 노동자는 필수지만 여전히 다수가 저임금 비정규직으로 일하고 있다. 또한 무거운 식기와 음식을 나르고 불과 조리기구를 사용하기 때문에 근골격계 통증 및 산업재해에 시달리고 있다.

물러났다? 저는 이게 어이가 없었어요. 그러면 애초에 준비가 없었던 건가? 막연하게 좋은 구호부터 내걸었던 건가? 일정한 반발을 예상 못 했다면 진짜 아마추어인 거고요. 처음부터 시늉만 한 거라면 사기에 가까운 일이죠. 자신들의 아마추어 정책으로 인천공항 노동자들의 삶이 어떻게 바뀌었는지 청와대는 관심을 가지고 있을까요?

<매일노동뉴스>가 그걸 추적했습니다. 2017년 5월 11일에 문재인 대통령과 사진 촬영했던 노동자 11명이 지금 어디서 뭘 하고 있는지를 보도했어요. 그 11명 중 6명은 자회사 정규직으로 전환됐다고 합니다. 4명은 그동안 퇴사를 했고, 1명은 공개경쟁채용 과정에서 탈락해서 항의하고 있습니다. 직접 고용된 분은 하나도 없는 거예요.

2017년 당시에 KTX 해고 승무원들이 복직 투쟁을 하고 계셨어요. 더불어삶 회원들도 피켓시위를 함께하곤 했는데, 제가 보기에 처음에는 철도공사 내부에서도 상당한 기대가 있었던 것 같습니다. 공공 부문 정규직화가 잘되면 해고 승무원들의 복직도 생각보다 순조로울 수 있겠다는 일말의 기대를 가졌는데, 공공부문 정규직화 정책이 자회사 쪽으로 흘러가면서 그 기대가 무너졌어요.

또 철도공사의 소관 부처는 국토부지만, 국토부와 이야기하면 '기재부에서 안 된다고 해서 어쩔 수 없다.'는 식으로 책임을 미루더라고요. 국토부, 기재부, 노동부가 다 관련이 있었는데 결국은 제일 힘센 기재부가 예산으로 제동을 걸었어요. 공공 부문 정규직화도 가이드라인이 발표될 때 이것저것 빠져 있었잖아요? 처음에는 상시 일자리는 전부 정규직 전환한다고 했다가 '생명·안전 부문'만 전환하는 걸로 바꿨고, 자회사 정규직화 가능성을 열어 놓았어요. 이렇게 변질되는 과정을 청와대가 제어하지 않는다는 인상을 받았습니다. 정권 초반이었는데도요.

윤 저는 그때는 공장에서 일하고 있지는 않았고요. 그때 취업을 준비하는 입장이긴 했는데……. 주변 친구들과 이 문제로 이야기는 많이 나눴던 걸로 기억합니다. 취준생들에게 인천공항이 어떤 곳이냐. 굉장히 좋은 일자리로 인식되죠. 최상층의 상징이랄까. 그래서 로또 취업이라는 식의 이야기가 나올 수밖에 없었다고 생각하고요. 정부가 그걸 과연 몰랐을까 하는 생각을 해 봅니다. 인천공항은 이미 취준생들에게 최고의 일자리로 인식되는 곳이라서 민감한 데가 있었던 반면, 한국지엠은 당시에도 불법파견 문제가 해결되지 않고 있었어요. 아니, 한국지엠뿐 아니라 완성차 업체 대다수가 이미 10년 가까이 불법파견 재판을 진행하고 있는 상황이었지요. 완성차 업체 불법파견 문제는 대법원 판결만 빨리 나오면 되는 상황이었다는 겁니다. 그런데 명백한 불법파견 문제가 있는 쪽은 내버려 둔 채 왜 굳이 논란이 생길 법한 인천공항에 찾아가서 논란을 키웠나……. 제 입장에서는 이런 생각도 듭니다.

사회자 그렇게 볼 수도 있겠네요. 명백한 불법을 바로잡는 것만 했어도 현장의 수많은 노동자들에게 희망을 주었을 텐데요.

오 추가로 그때 공공 부문에서 정규직 전환 대상 업무가 왜 경쟁하는 일자리가 아니라고 봤는지를 말씀드릴게요. 소방 업무나 특경대, 총 차고 다니는 분들, 청소 업무, 그리고 공항에 비행기 들어올 때 탑승교 운전하는 거? 이런 업무들이거든요? 취준생들이 시험 쳐서 공사 들어가려고 할 때 이런 자리에 가려고 하는 거 아니잖아요? 전혀 무관해요. 그러니까 저는, 만에 하나 취준생들이 '나는 시험을 쳐서라도 어떻게든 저 자리에 들어가겠다.'고 한다면 그런 문제 제기를 이해하겠지만……. (청중 웃음) 아니잖아요. 그러니까 완전히 왜곡된 거죠. 노량진에서 공부하는 취준생들이 절대로 가고 싶어 하지 않을 일자리들을 정규직 전환한 건데 그걸 가지고 시험이니 공정성이니 했던 건 전면적인 왜곡입니다.

안 맞습니다. 더불어삶에서 인천공항 비정규직 노동자들을 모셔서 이야기 들은 적이 있어요. 그때 인천공항 청소 노동자분들이 언론에는 잘 나오지 않는 말씀을 많이 해 주셨습니다. 인천공항 청소 일자리는 사람 구하기가 더 어렵다는 거예요. 근무환경이 열악하니까 사람들이 2개월쯤 일하다 나가 버린다고요. 아까 말씀하신 탑승교 쪽도 처우가 그리 좋지 않으니 지원하는 사람이 적어서 채용 할당 인원을 못 채우기도 했다고 들었습니다. 말씀하신 대로 경쟁하는 일자리가 아니었다는 게 확실해요. 소방대원들도 민간인이고 비정규직인데다, 그 일을 10년 넘게 하고 있는데 2~3년마다 업체 이름이 바뀌어서 근속 인정도 못 받고 그런 분들이었어요. 그런 분들한테 공정성이 어떻고 했으니.

사회자 정부가 적극적으로 입장을 내놓고 사람들을 설득하려는 노력도 없었다는 것, 저는 그게 많이 아쉬웠습니다.

공공 부문 5개 부분별 정규직 전환 (단위: 명)

구분	비정규직	정규직 전환	자회사 전환
중앙 부처(49개소)	36,706	23,760	0
자치단체(245개소)	83,953	25,367	0
공공기관(334개소)	151,489	100,701	49,128
지방 공기업(149개소)	18,031	6,508	581
교육기관(76개소)	125,423	36,362	0
총합계	415,602	192,698	49,709

2021년 3월 15일 현재 공공 부문 정규직 전환 인원은 총 19만 여 명이다. 이중 5만 명 정도가 자회사 전환 인원이다.
중앙부처 · 자치단체 · 교육기관은 애초에 자회사를 만들 수 없는 곳이라서 '자회사 전환'이 0명이다. 반면 자회사 설립이 가능한 공공기관과 지방 공기업의 자회사 전환 비중은 무려 64%에 달한다.

뚜껑을 열어 보니, '자회사' 정규직

사회자 그러면 정책의 결과를 볼까요? 공공 부문 정규직 전환은 얼마나 이루어졌나요?

오 문재인 정부가 공공 부문 실태조사를 다시 했어요. 저는 이건 잘한 거라고 봅니다. 문재인 정부가 공공 부문에 숨어 있는 비정규직들을 찾아냈어요. 아니나 다를까, 박근혜 정부 때의 마지막 통계로는 공공 부문 비정규직 32만 명 정도라고 했는데, 문재인 정부가 출범하고 다시 조사하니까 비정규직이 40만 명까지도 발견됐어요. 그중에 상시 지속 업무에 해당하는 20만 명 정도를 정규직으로 전환할 수 있다고 판단했던 것 같아요. 그런데 실제로는 16만~17만 명 정도를 정규직 전환한 걸로 알고 있습니다.

문제는 정규직 전환이 말만 정규직이지 약 4만~5만 명 정도는 자회사로 전환되었다는 겁니다. 그리고 11만~12만 명이 기간제에서 전환된 건데요. 기간제 노동자들의 정규직 전환도 대부분 박근혜 정부 때와 비슷하게 무기계약직 전환이었습니다. 그러니까 임금을 기존 정규직 임금에 맞춰 주는 게 아니라 새로운 직군을 만들어서 더 낮은 임금을 주는 거죠. 기존 비정규직 임금하고 크게 다르지 않은 임금 수준을 유지하되 이제부터는 고용은 보장한다는 겁니다. 일단 여기까지만 설명하겠습니다.

사회자 주목이 가지 않던 직종들이나 분야에 대해서 찾아낸 건 잘했다는 거네요. 그런데 정규직화라는 게 뚜껑을 열고 보니 자회사 정규직화였다. 그래서 어떤 문제가 생겼을까요?

오 공공 부문 5가지 분류를 먼저 말씀드리겠습니다. 공공 부문은 크게 5가지로 나뉘어요. 하나는 기획재정부, 고용노동부 같은 중앙행정부처입니다. 두 번째는 지방자치단체가 있습니다. 서울시, 부산시, 강남구, 서초구, 이런 지자체도 공공 부문이죠. 그리고 세 번째로 지방 교육청이 있죠. 서울시 교육청, 부산시 교육청, 인천시 교육청. 여기도 공공 부문이고 여기서 일하시는 노동자들이 있고요. 네 번째는 철도공사, 인천공항공사, 도로공사 같은 공공기관입니다. 마지막으로 지방 공기업이 있어요. 도로공사나 철도공사는 중앙정부가 통제한다면 서울 지하철, 인천 지하철, 혹은 서울시 시설관리공단 같은 곳은 지방자치단체가 관리하는 별도의 공기업이거든요.

5가지 중에 법인 형태는 공공기관과 지방 공기업뿐입니다. 이걸 왜 설명하느냐 하면, 법인이어야 자회사를 만들 수 있거든요. 이를테면 기획재정부가 자회사 만들 수 있습니까? 못 만들어요. 물론 우리가 우스갯소리로 '주식회사 대한민국'이라고 이야기할 때도 있지만, 그렇다고 대한민국이 주식회사인 건 아니니까 각종 부처가 자회사를 만들 수는 없어요. 교육청도 만들 수 없죠. 서울시의 자회사? 불가능해요. 강남구가 서울시의 자회사인 건 아니거든요. 서울시나 강남구나 각각 독립된 지방자치단체입니다. 여기도 못 만들어요. 유일하게 공공기관하고 지방 공기업만 자회사를 만들 수 있습니다.

그래서 문제가 되는 자회사 정규직 전환은 5개 부문 중에 2개, 공공기관하고 지방 공기업에만 해당합니다. 공공기관과 지방 공기업에서 정규직 전환된 사람이 한 6만~7만 명 정도라면 그중에 자회사로 정규직 전환된 사람이 4~5만 명이에요. 거의 3명 중에 2명? 4명 중에 3명? 그러니까 자회사를 만들 수 있는 영역에서는 온전한 정규직 전환을 하지 않은 경우가 훨씬 많다는 겁니다. 자회사 정규직이 훨씬 많다면 이게 진짜 제대로 된 정규직 전환일까요?

저는 파견 용역 노동자들을 정규직 전환 대상에 포함시킨 건 참 잘한 건데, 노동자들을 자회사로 보내 버린 건 제대로 된 정규직 전환이 아니라고 봅니다. 자회사는 조금 큰 용역 회사일 뿐이라고 노동자들이 이야기해요. 심지어 인천공항은 자회사를 하나도 아니고 2개나 만든다고 하고, 한국공항공사도 자회사를 쪼갠다는 이야기가 나왔는데……. 자회사까지 쪼개기 시작하면 용역 자회사 실태 평가 결과는 반타작?

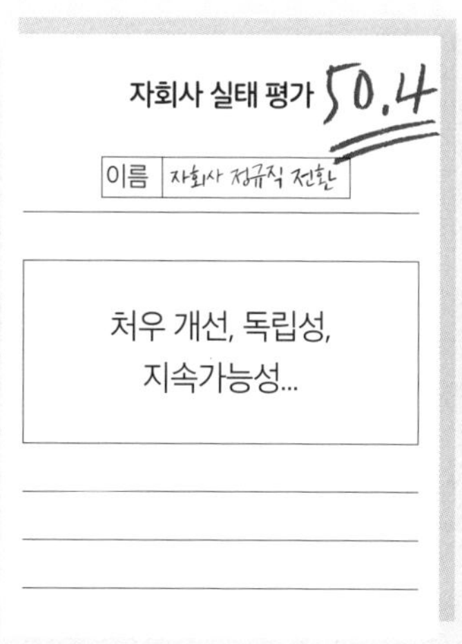

업체랑 크게 다를 것도 없는 거죠. 자회사는 대부분 하청, 용역, 파견이 가지고 있는 모순을 그대로 안고 갑니다.

또 하나, 그걸 빼면 기간제 비정규직을 정규직으로 전환한 인원이 11만에서 12만 명 사이입니다. 그런데 문재인 정부 입장에서는 아픈 얘기겠지만 박근혜 정부도 10만 명은 했어요. 그래서 객관적으로 공공 부문 정규직 전환 이후에 박근혜 정부 때보다 질적으로 많이 나아졌다고 평가할 만한 대목은 없습니다.

안 최근에 건강보험공단 고객센터 노동자들의 투쟁을 보니까 양상이 조금 다른 것 같아요. 이제 자회사 얘기는 안 나오더라고요. 문재인 정부도 자회사 전환 정책을 당당하게 홍보하거나 자랑하지는 못하는 거죠. 작년 5월에 고용노동부가 그래도 정부와 가까운 전문가들에게 맡겨서 자회사 실태 평가를 했는데, 100점 만점에 50.4점이 나왔다고 합니다. 반타작이죠. 처우 개선도 한계가 있고, 자회사가 독립성도 없는 것 같고, 지속가능하냐, 이런 식의 평가를 받았어요. 또 현장에서 일하시는 분들 이야기를 들어봐도 자회사는 용역회사처럼 운영되고 있다는 이야기가 많습니다.

건강보험공단 고객센터 노동자들의 경우 정말 열심히 투쟁해**서 동일법인** 직고용이라는 약속을 받아 냈어요.

청년 노동자들이 말하는 '공정성'

사회자 건강보험공단 노동자 직접 고용 투쟁과 관련해서도 건보 정규직들이 반발을 했죠. 그래서 이사장이 사상 초유의 사용자 단식 투쟁을 하기도 했어요. 언론도 신세대, MZ세대, 공정성 같은 단어를 내세워 자극적인 보도를 계속 내보냈어요. 그때 김영윤 동지 같은 청년 노동자들이 선언문을 발표하셨지요. 어떤 선언문이었는지 간략하게 소개 부탁드리겠습니다.

윤 당시에 건강보험공단 정규직 조합원 일부가 정규직화 반대한다는 피켓도 들고 했거든요. 김용익 이사장은 정규직 직원들이 반대하는데 어떻게 정규직화를 하느냐면서 책임을 회피하고 있었고요. 대화를 하자고 했더니 단식을 시작한 거죠. 이때도 언론에서는 'MZ세대가 반대한다.', '공정성이 훼손됐다.', '로또 취업.', '지금도 당신들은 사기업 정규직이다.' 같은 이야기들을 했어요. 저랑 같은 공장에서 일하는 김태훈 동지가 최초 제안자로서 사람들을 모았고요. 저도 그 취지에 동의해서 참여했습니다.

공정성이 훼손됐다는 이야기를 많이들 하는데, 사실 절대 다수의 청년들이 공기업 같은 데 가려고 '취준'을 하는 건 아니거든요. 생계를 위해서 당장 노동을 해야 하는 청년들도 많아요.

사회자 맞아요. '취준'보다 '생계'가 우선인 청년들이 85% 이상일 거라 생각합니다.

윤 제가 기사에서 봤는데, 알바를 하는 10대 청소년들 중에 절반 이상이 생계를 위해서 알바를 한다고 합니다. 통계로 나왔어요. 그러니까 언론에서 말하는 공정성이라는 개념이 전체 청년들을 대표하는 것인가라는 의문을 제기할 수밖에 없는 거죠. 언론에서는 그런 상층의 청년들, 즉 공부하면서도 생활을 유지할 수 있는 청년들의 시각을 기준으로 '공정성을 훼손했다.'라는 식으로 보도를 하거든요. 이와 관련해서 또 재밌는 기사를 본 적이 있어요. 언론에서 MZ세대 관련해서 기사를 작성할 때 주로 인용하는 곳이 커뮤니티 사이트라고 합니다. 또 기자들도 아무래도 서울에서 대학생활을 하고 서울에서 졸업하신 분들이 많다 보니 4년제 대학 이상의 학력을 가진 청년들을 인터뷰하게 되고 지방의 목소리는 대변하지 못해요. 서울의 대학들은 전체 대학의 10% 정도밖에 안 된다고 하거든요? 그래서 언론에서 말하는 MZ가 진짜 다수의 청년을 대면할 수 있는가, 저는 개인적으로 그런 의구심이 듭니다. 그래서 공정성 담론이 절대다수의 청년을 위한 게 아니다라는 이야기가 선언문에 첫 번째로 들어갔고요.

두 번째로 로또 취업 얘기를 했어요. 사실 건강보험 고객센터 노동자들이 건강보험공단의 업무를 굉장히 많이 처리해요. 저도 몇 번 연대하러 가서 이야기를 나눠 봤는데, 건강보험공단에 고객들이 전화를 걸면 정작 공단 직원들은 그 문제를 잘 몰라서 '고객센터에 전화해 보시라.'고 떠넘기기도 합니다. 그리고 건강보험 가입자의 개인정보가 굉장히 많거든요? 분만예정일 같은 민감한 정보들도 다 있어요. 국민의 개인정보는 사실 국민건강보험공단이 책임지고 관리해야 맞는데.

안 건강보험 고객센터에 전화를 걸어서 상담을 시작하면 재산, 취업내역, 혼인 유무 등 중요한 개인정보가 화면에 다 뜬다고 합니다.

윤 그렇죠. 그런 중요한 정보고, 그 업무의 대부분을 지금까지 비정규직 고객센터 노동자들이 수행하고 있었는데 굳이 또 시험을 치러서 검증을 받으라고 해야 하나, 이걸 과연 로또라고 할 수 있나, 그런 내용이었습니다. 고객센터 노동자들 얘기 들어 보면 일을 시작하자마자 공부를 엄청 한다고 해요. 건강보험 관련 제반 사항을 아주 잘 알아야 상담을 해 줄 수 있잖아요. 직장에 들어가서도 업무를 계속 공부해야 하는 거죠. 그래서 공부라고 하면 누구보다도 열심히 해 온 분들인데, 다시 시험을 치러서 들어오라는 이야기가 얼마나 어불성설인지를 이야기하고 싶었고요.

또 건강보험공단 정규직 노조에서는 고객센터 노동자들을 가리켜 '사기업 정규직'이라고 이야기했어요. 그렇게 따지면 저도 사기업 정규직이라고 말할 수 있죠. 그런데 고용이 불안정해요. 업체가 언제 사라질지도 모르고요. 제가 있는 한국지엠만 해도

건강보험공단 고객센터 노동자 파업 지지 청년 노동자 선언문

청년 노동자의 이름으로 건강보험공단 고객센터 노동자들의 파업을 지지한다.

우리는 고객센터 노동자들이 비정규직일거라고는 꿈에도 생각하지 못했다. 건강보험에 대한 상담이 필요할 때 제일 먼저 전화를 걸게 되는 고객센터는 건강보험공단 김용익 이사장도 얘기했듯이 고객과의 최접점이다. 그런 고객센터를 비정규직으로 외주화했다는 어처구니없는 현실 하나만으로도 고객센터 파업의 정당성은 차고 넘친다.

그런데 일부에서 건강보험 고객센터 노동자들의 직접 고용을 반대하면서 '청년들의 박탈감'을 핑계로 삼고 있다. 또 청년이 소환되었다. 그러나 우리 청년 노동자들은 그들이 내세우는 '공정성 훼손', '로또취업', '사기업 정규직' 등의 말에 절대 동의할 수 없다 .

첫째, 공정성이 훼손되었다는 이들에게 묻는다. 우리가 살아가는 사회에서 경쟁의 공정한 조건, 소위 말하는 '기회의 평등'이 단 한 차례라도 존재했던 적이 있었는가? 절대다수의 청년들은 공무원이나 공기업 정규직 같은 안정된 일자리를 얻기 위해 성패가 불분명한 기약 없는 수험생활을 몇 년씩 할 만큼 경제적 여유가 없다. 당장 생계를 잇기 위해, 심지어 가족을 부양하기 위해 노동을 해야 했다. 그런 청년 노동자들에게 '너희는 경쟁의 과정을 거치지 않았으니 좋은 일자리를 가질 수 없다.'고 이야기하는 것은 사회적 폭력에 불과하다.

둘째, '로또취업' 운운하며 비꼬는 이들에게 묻는다. 고객센터 노동자들이 파업을 하자 건강보험공단 정규직들은 업무량이 가중됐다고 불평을 늘어놓았다. 이것이야말로 고객센터 노동자들의 업무가 건강보험공단의 필수 업무라는 점을 분명하게 보여주는 것이 아닌가? 그럼에도 고객센터 노동자들의 성실한 노동에 빚진 정규직들이 '시험 쳐서 들어오라.'고 말하는 것은 비정규직 노동자들의 노동을 부정하는 것이다. 이미 건강보험공단의 업무를 수행하고 있는 고객센터 노동자들이 더 이상 무엇을 검증받아야 하는가?

셋째, 철 지난 '사기업 정규직' 타령은 기가 막힐 뿐이다. 상당수의 청년 노동자가 간접 고용 비정규직이다. 고객센터 노동자들은 24개월마다 새로운 업체와 계약을 갱신해야 하고, 업체가 바뀔 때마다 근속연수도, 임금도 제로로 돌아가는 지긋지긋한 비정규직 생활을 십수 년째 반복해 오고 있다. 건강보험 고객센터 노동자들이 건강보험공단의 업무를 수행하지만 근로계약상 사용자는 건강보험공단이 아닌 것처럼, 간접 고용 비정규직 노동자들의 근로계약상 사용자는 원청이 아니라 하청 바지사장이다. 간접 고용은 사용자 책임을 회피하기 위해 만들어진 극악한 형태의 비정규직이다. 그런데도 '사기업 정규직'이라는 철 지난 헛소리를 늘어놓는 것은 의도적인 왜

곡일 뿐이다.

이 사회는 바늘구멍 같은 취업문을 통과한 이들에게만 노력에 대한 보상이 주어지게 만들었다. 그리고 바늘구멍을 통과한 이들이 '공정성 훼손'을 말하며 비정규직의 정규직 전환에 반대하는 것이 전체 청년들의 생각인 것처럼 과장한다.

그러나 그들은 우리를 , 청년들 전체를 대표하지 못한다. 수많은 청년들이 하청 노동자로, 플랫폼 노동자로, 단시간 노동자로, 간접 고용 노동자로 살아가고 있다. 원해서도 아니고, 노력이 부족해서도 아니다. 이 사회가 이윤과 비용의 논리로 정규직 일자리를 줄이고, 비정규직, 불안정 노동을 확대해 왔기 때문이다. 우리는 양질의 정규직 일자리를 축소하고, 청년들을 취업문 앞에서 악다구니를 쓰며 경쟁하도록 내몬 정부와 자본에 책임을 묻는다.

건강보험 고객센터 노동자들의 투쟁은 비정규직 없는 세상, 누구라도 부당한 차별을 받지 않는 세상으로 나아가는 투쟁이다. 구조적으로 경쟁에서 탈락할 수밖에 없는 절대다수의 청년 노동자들은 하루하루 이어지는 노동의 경험으로, 날마다 맞닥뜨리는 쓰디쓴 비정규직의 현실 속에서, 본능적으로 건강보험 고객센터 노동자들의 투쟁을 지지한다.

이 시대를 살아가는 청년 노동자의 이름으로 건강보험 고객센터 노동자들의 파업 투쟁을 지지한다.

우리는 청년들이 살아갈 더 나은 세상을 만들기 위해 그들의 투쟁에 적극 연대할 것이다.

2021년 7월 14일

<공동 제안자>

한국지엠 하청 업체에서 일하는 청년 노동자 **김태훈**

현대차 하청 업체에서 일하는 청년 노동자 **김현제**

한국지엠에서 사무직으로 일하는 청년 노동자 **이창현**

쿠팡 물류센터에서 일하는 청년 노동자 **정성용**

배달 라이더로 일하는 청년 노동자 **김지수**

서울대병원에서 일하는 청년 노동자 **장하니**

서울대병원에서 일하는 청년 노동자 **유지원**

창원 공장 쪽은 3개월마다 단기 계약직으로 새로 계약을 해야 합니다. 항상 고용 불안에 시달리는 거예요.

간접 고용이라는 게 책임을 회피하려는 게 크다고 생각하거든요. 제가 일하는 부평 공장에서는, 여름이면 날씨가 엄청 덥잖아요. 그런데 아직도 에어컨이 없고 선풍기조차 없는 곳들이 있어요. 하청 쪽에요. 그래서 냉방장치를 설치해 달라고 요구하면 '우리는 여기 세 들어 사는 처지고, 냉방 장치는 원청에서 허락해야 설치해 줄 수 있다.'는 식으로 핑계를 댑니다. 그런 식으로 원청도 하청도 책임을 회피하고 있는 상황이에요. 이런 부분들을 이야기하고 싶었어요. 다행히 600여 명의 청년이 서명을 해 주셨습니다.

사회자 저도 공정성 얘기가 나올 때마다 마음이 항상 불편해요. 교사들의 경우만 봐도 웬만한 정규직 교사보다 기간제 교사들이 일을 훨씬 많이 해요. 능력도 떨어지지 않고요. 사실 시험이라는 것도 근본적으로 이 사람이 이 일을 잘해 낼 수 있는가를 알아보기 위한 건데, 이미 그 일을 하고 있는 사람에게 필기시험을 치르게 하는 게 공정성인지는 잘 모르겠습니다.

민간 부문은 아예 손 놓은 정부

사회자 이제 민간 부문으로 넘어갔으면 좋겠는데요, 공공 부문 일자리를 만들어 내는 건 사실 한계가 있잖아요? 전체 일자리를 100으로 볼 때 민간 부문은 어느 정도를 차지한다고 볼 수 있을까요?

오 이건 전에 최저 임금 문제를 다루면서 제가 직접 계산해 봤습니다. 전체 일자리를 놓고 볼 때, 사업장 규모 기준으로 300인 이상이면 일정한 지불 능력이 있는 곳이잖아요. 그게 전체의 40% 정도라고 나옵니다. 한국의 전체 일자리를 100이라고 하면 그런 일자리가 40 정도, 그리고 공공 부문 일자리가 25~30을 차지하는데, 그중에 겹치는 게 있겠죠? 공공 부문이고 300인 이상인 사업장의 일자리요. 이렇게 겹치는 부분을 빼고, 어쨌든 '공공 부문이거나 300인 이상이거나'인 일자리는 60%는 되는 것 같습니다.

공공 부문 일자리가 25에서 30 정도라는 건요, 공공 부문과 계약을 맺는 1차 도급까지 포함한 겁니다. 그렇게 해서 25에서 30. 하여튼 한국에서 뭔가 일자리 정책을 시행하려면 이걸 알아야 해요. 그나마 지불 능력을 갖추고 있는 사업장의 일자리가 전체 100 중에 60 정도 된다는 겁니다. 한국에서 일자리 문제를 제대로 해결하려면 나머지 40에 대해서 어떤 정책을 펴느냐가 핵심입니다.

안 반복해서 들으니 머릿속에 잘 들어오네요. 나머지 40이 핵심이다, 그래서 좋은 일자리 만들기는 이 40%에서 출발해야 한다는 거죠? 역으로 이 40%를 질적으로 변화시키지 못하면 어떤 일자리 정책도 실패한다는 거고요.

오 그렇습니다. 일자리 부족 문제의 핵심은 공공 부문이 아니고 민간 부문이에요. 민간 부문에서 불법파견을 해결해야 하고, 또 5인 미만 사업장과 특수고용·플랫폼 부문부터 변화를 일으켜야 한다는 주장입니다.

사회자 오민규 실장님이 예전에 '문재인 정부가 민간 부문에 대해서는 아예 손을 놨고, 그래서 고용구조가 망가졌다.'고 말씀하신 적이 있어요. 이게 정확히 어떤 의미인지 설명을 해 주시면 좋겠습니다.

오 아까 서두에 공공 부문 일자리 정책의 방향 설정에 대해 물어보셨을 때 제가 방향은 맞았다고 말씀드렸잖아요. 그렇게 말씀드렸던 건 공공 부문이 민간 부문 고용구조 변화의 마중물 역할을 할 수 있기 때문입니다. 즉 공공 부문에서 충분한 성과는 아니더라도 어느 정도 성과를 내면 그걸 지렛대 삼아 민간 부문으로 확산시킬 수 있는데, 문재인 정부에서는 이게 하나도 안 된 겁니다. 그러니까 공공 부문에 성과가 있냐 없냐는 다른 이야기고요. 설사 성과가 있었다고 하더라도 그게 민간 부문으로 이어지지 않았다, 혹은 이으려고 하는 노력 자체를 하지 않았다는 게 핵심이라고 생각합니다. 정부가 민간 부문은 아예 손을 놨다는 이야기는 그런 뜻이고요.

물론 핑계를 댈 수는 있겠죠. 공공 부문이야 정부가 직접 사용자니까 개입할 수 있는데 민간 부문은 법을 만들기 전에는 개입하기 어렵다고 하겠지요. 그런데 입법 말고도 정부가 사용할 수 있는 수단이 여러 가지 있거든요. 앞서 말씀드린 대로 '비정규직 사용 부담금제를 하겠다.', '불법파견 다 때려잡겠다.', 뭐 그런 공약들도 내놓지 않았습니까? 그런데 그런 지점들에 대해서 아예 시도조차 하지 않았습니다.

사회자 네. 저희가 만났던 노동자분들도 그런 말씀을 많이 하셨어요. 문재인 정부가 들어섰는데 박근혜 정부 때랑 별 차이가 없다, 노동조합이 뭘 주장하고 투쟁하기는 더 어려워진 측면도 있다고요. 그런데 민간 부문에서는 직접 고용이라는 성과를 얻어낸 사업장들이 조금은 있거든요. 문재인 정부 임기 동안 삼성전자서비스 노동자들이 직접 고용으로 전환됐고, LG유플러스 노동자들의 일부가 직접 고용을 쟁취했고, 또 파리바게트 제빵사 문제도 공론화가 됐는데요. 이런 건 문재인 정부의 정책적 성과라고 평가할 수 있을까요?

오 서울대병원도 공공기관이거든요? 서울대병원은 공공기관이기 때문에 자회사를 만들 수 있었고요, 실제로 정규직 전환 과정에서 자회사 안이 나왔는데 거기는 자회사로 가지 않고 직접 고용 정규직 전환이 됐거든요? 삼성전자서비스도 그랬네요. 여기는 공공기관은 아니지만. LG유플러스도 자회사로 간 경우가 있지만 일부는 직접 고용이 있고요. 파리바게트는 직접 고용이 아니라 자회사 정규직이 된 사례입니다. 그리고 공공 부문에서 도로공사 비정규직 노동자들, 톨게이트 노동자들이 대법원 판결에 힘입은 거기도 하지만 정규직 전환이 됐습니다. 이 노동자들의 공통점이 뭘까요? 노조가 있었고, 투쟁을 했던 곳들이에요. 그게 유일한 공통점이거든요.

그러니까 정규직 전환이 그나마 조금 성과 있게 이뤄진 곳들은 정부의 힘으로 그렇게 됐다기보다는 노동조합이 조직돼서 끈질기게 싸운 결과였던 겁니다. 그렇지 않은 경우를 찾아볼 수가 없어요. 노조 없이 직접 고용을 쟁취한 한 사례는 아예 없고요. 즉 정부의 성과로 보기는 어렵고 결국은 사업장마다 노동조합을 만들어서 해결한 사례들이 있는 거죠. 파리바게트도 그렇고 한국지엠도 그렇고 아사히글라스도 그렇고요. 불법파견 판정이 나왔고 심지어 과태료를 수십억 원, 수백억 원 때렸는데 단 하나도 해결이 안 됐습니다. 어쨌든 불법파견은 정부가 강력하게 개입할 명분이 있잖아요? 법원이 불법이라고 공표해 준 거니까 '어이, 이건 고쳐야 되는 거 아닙니까?'라고 정부가 개입할 수 있는데 뒷짐만 지고 있었어요. 제대로 된 게 하나도 없어요.

안 파리바게뜨의 경우는 정권 초반인 2017년 가을에 고용노동부가 제빵기사들을 직접 고용하라는 행정명령을 했습니다. 언론에서는 "반기업적 반시장적 정규직화 정책"이라고 난리였고요. 그런데 시간이 흐르면서 공공 부문 정규직화 정책이 자회사로 많이 귀결되니까 파리바게뜨 제빵기사들도 자회사를 만들어서 직접 고용하게 되더라고요. 현장에는 계속 문제가 남아 노조 파괴 등의 문제가 계속 발생하고 있어요.

저는 정권 초반에 파리바게뜨 같은 프랜차이즈 업체들을 표적으로 삼는 걸 보면서, 왜 재벌들에게는 시간을 주겠다고 하면서 다른 재벌보다 상대적으로 힘없는 파리바게뜨를 치고 있나라는 의문을 가졌습니다. 시민들이 정권을 쥐어 준 건 재벌개혁을 하라는 뜻도 있었잖아요.

그리고 제 기억으로는 박근혜 정부 때는 재벌 기업 몇 군데서 형식적으로라도 청년 일자리를 몇 개 만들겠다, 정규직 전환을 얼마 하겠다는 발표를 했거든요. 실효성은 잘 모르겠고 정부가 요구하니까 숫자를 맞춰 가지고 발표했는데 문재인 정부에서는 이런 것도 전혀 없었어요. 임기 초반과 중반에는 말씀하신 대로 법을 만들 수가 없었다는 핑계를 댄다고 치더라도, 총선에서 180석을 확보한 후에도 그런 법은 만들어지지 않았다는 거죠.

오 문재인 정부는 지지율이 한때 70~80%까지 나왔잖아요. 그러니까 자신들이 재벌 회장들을 만나기만 해도 민간 부문에 변화를 일으킬 수 있을 거라는 식으로, 굉장히 안이하게 생각했던 것 같아요. 또 하나는, 약간 옆으로 새는 얘기인데, 문재인 정부의 핵심 브레인들이 임기 5년 동안 한국 경제가 어렵지 않다고 가정하고 정권 정책 전반을 설계했어요. 이게 굉장히 큰 실수였어요. 집권 1년도 안 돼서 자동차 업종과 조선 업종에 다 문제가 생겼고, 얼마 후에는 코로나19를 비롯해서 엄청난 사건들이 터지기 시작했죠. 집권 세력은 약속을 다 지킬 수 있을 거라고 굉장히 낙관했던 것 같아요.

사회자 지금까지 말씀 나눈 걸 보면 민간 부문도 좋은 공약이 있었고 충분히 할 수 있는 게 있었는데 안 했다는 결론입니다. 문재인 정부의 지지자들은 '한국은 재벌의 힘이 너무 세서 눈치를 볼 수밖에 없었다.'는 식의 변명을 하던데, 어떻게 답해야 할까요?

오 '재벌도 공범이다.'라는 촛불의 분위기가 있었잖아요. 그래서 문재인 정권 초반에는 다들 전경련 해체까지 갈 거라고 생각했죠. 오늘날처럼 전경련이 빳빳하게 고개 들고 할 말 다 하는 모습은 2017년, 2018년까지도 상상도 못했어요.

재벌의 힘이 강하다는 건 사실이에요. 잘못 건드리면 한국 경제가 휘청거리고요. 재벌을 어떻게 건드리느냐에 따라서 진짜로 휘청거릴 수도 있겠죠. 그런데 이건 다음 정부도 마찬가지입니다. 한국의 산업 구조가 재벌 대기업을 정점으로 해서 하청 업체들이 완전히 수직적으로 계열화되어 있는 구조니까요. 독일 같은 나라에는 강소기업이 탄생할 수 있는 환경이 있지만 한국은 그게 아예 불가능합니다. 그런데도 누구나 중소기업과 중견기업을 키우겠다고 말하죠. 아마 차기 정부도 그럴 거예요. 중소기업, 중견기업을 키우겠다는 공약을 내건 사람이 당선될 겁니다. 다 그렇게 약속하는데, 대통령 자리에 오르면 바뀝니다. 왜 바뀌느냐? 불가능하다는 거 알거든요. 진짜 불가능하냐? 아니요. 불가능하진 않습니다. 한 10년 동안 작심하고 일하면 할 수 있어요. 그런데 임기는 5년입니다. 5년 내에 그런 개혁이 불가능하다는 걸 당선되자마자 알아요. 성공하는 대통령이 되고 싶거든요. 그러다 보니 재벌의 힘을 빌리지 않으면 성공할 수 없다고 생각합니다.

조금 욕을 먹더라도, 인기가 떨어지더라도 한국 산업 구조에 대수술이 필요하다는 발상을 가지고 뚝심 있게 정책을 밀어붙여야 합니다. 그래야만 현재의 왜곡된 경제 구조를 바꿔서 다시는 재벌에게 휘둘리지 않게 만들 수가 있어요. 그 기회가 있었죠. 어느 때보다도 좋은 기회가 문재인 정부에 있었죠. 박근혜 정부를 촛불로 끌어내린 뒤에 새롭게 등장한 정권이기 때문에 그 이전의 어떤 정권보다도, 김대중, 노무현, 이명박, 박근혜 그 누구보다도 가장 좋은 조건을 가지고 있었어요. 문재인 정부가요. 그런데 그걸 안 했습니다. 이전 정권들과 마찬가지로 '5년 안에는 불가능해 보이니 나도 그냥 타협하고 가겠다.'는 자세를 취했어요. 삼성의 이재용 부회장만 지금 몇 번을 만났죠? 이런 게 핵심이라고 봅니다.

사회자 한국 사회의 본질을 말씀하셨어요. 경제 구조가 바뀌지 않는 이유요.

방청객1 방금 오민규 실장님 말씀 중에 크게 공감되는 부분이 있었는데요. 문재인 정부 출발할 때를 생각해 보면 박근혜 정권이 완전히 몰락한 상태였잖아요. 국민의힘 측도 궤멸된 상태에다 재벌도 특검 수사받고……. 그런 절호의 찬스 속에서 아무런 조치를 취하지 않았다는 생각이 듭니다.

그리고 질문 하나 드려도 괜찮을까요? 앞서 우리 경제가 재벌 중심의 하청 계열화 시스템이고 중소기업이나 중견기업을 키우는 것 또는 산업 구조 대수술이 참 어려운 일이라고 하셨는데, 5년 내에 불가능한 이유는 무엇인가요? 10년은 가능한데 5년은 안 되는 이유가 뭔지가 우선 궁금하고요. 다음으로 구체적으로 산업 구조 대수술을 한다면 어떤 식으로 이루어져야 할지를 여쭙고 싶습니다.

오 수직 계열화라는 개념은 대충 아실 겁니다. 현대차가 있으면 현대차 밑에 1차 하청, 2차 하청, 3차 하청, 4차 하청…… 이렇게 이어지고요. 현대차나 지엠의 고용구조도 그래요. 지금 김영윤 조합원은 2차 하청 업체에 근무하고 있는데, 같은 공장 안에서도 하청 업체들이 계열화되고 있는 구조입니다. 불가피한 측면도 있겠지만 과거에는 산업 구조가 이 정도는 아니었거든요. 산업 구조 이야기를 하지 않고 노동조합만 봐도 원청 노조와 하청 노조 사이에 위계 같은 구조가 생겨 버렸어요.

이른바 비용 절감, 도급 단가 후려치기를 통해 이윤 구조도 계속 계열화가 됩니다. 모든 이윤은 다 피라미드의 정점인 재벌로 향하게 돼 있고요. 그 밑에 있는 중소기업이나 1차 하청 업체, 2차 하청 업체들은 개별 연구소를 가지고 있는 경우가 많은데 그러면 이 업체들의 지적재산권 혹은 기술력이 보호를 받을까요? 전혀 그렇지 않습니다. 여기서 뭔가 기술이 개발됐다 하면 기술을 탈취하거나, 그게 어려우면 기술자를 탈취해 갑니다. 재벌에서 인재를 다 데려가요. 실제로 이런 구조입니다. 게임 산업이나 IT 산업도 마찬가지예요. 카카오나 네이버의 하청 업체에 들어가는 사람들의 꿈과 희망은 위로 올라가거나 아니면 나중에 자기 회사를 차려서 IPO를 하고 그 회사를 비싼 값에 팔아 버리는 거죠. 어디까지나 그게 꿈과 희망인 거지, 재벌을 벗어나서 다른 생태계가 가능하다는 생각은 안 합니다. 한국에서는요. 신자유주의 천국이라는 미국만 가도 그게 불가능한 구조는 아니에요. 하지만 한국에서는 불가능해요.

이런 구조의 원형이 제조업에 있습니다. IT 산업이나 요즘 신산업으로 불리는 플랫폼 기업들이도 사실은 제조업 쪽의 원형을 가지고 있어요. 제조업 구조를 전반적으로 뜯어고쳐야 나머지 산업 구조를 고칠 수 있습니다. 반대로 제조업을 안 뜯어고치고 다른 산업 구조를 뜯어고친다는 것도 꿈에 불과하다고 생각합니다.

핵심은 제조업 구조를 어떻게 뜯어고치느냐인데……. 아까 제가 5년은 불가능하다라고 얘기한 중요한 이유는 물리적인 시간이라기보다 정치의 시간입니다. 5년 사이에 선거를 두 번 더 치르게 돼 있거든요. 지자체 선거와 국회의원 선거요. 그러니까 지지율 반등에 따라서 정책이 오락가락해요. 정권이 지지율 하락을 견디지 못하니 지속가능한 정책을 펼치기가 불가능합니다. 장관 수명이 평균 10~20개월인 것도 선거 주기와 일치해요. 그렇다고 선거제도를 바꾸거나 대통령 임기를 10년으로 늘릴 수는 없는 노릇이잖아요. 그렇다면 촛불과 같은 역사의 변곡점이 마련될 때를 기다려야 합니다. 그런 기회에 탄탄한 지지율을 바탕으로 해서 밀어붙여야 가능해요. 촛불이 준 기회가 있었는데 그걸 내던져 버린 거고요.

차기 정권을 생각하면 암울해요. 차기 정권이 기호 1번이 되든, 2번이 되든, 3번이 되든 마찬가지일 겁니다. 이 문제는 그대로 도돌이표가 될 가능성이 아주 높죠. 촛불과 같은 에너지도 없는 지금과 같은 상태에서 누가 되든 정권의 기반은 취약하기 때문에 전 정권과 거리 두기를 할 겁니다. 전 정권의 흔적은 다 지우려고 하겠죠. 이런 상황에서 정책의 연속성을 기대하기는 어려워요. 제가 이야기하는 산업 구조 대수술이라는 건 정말로 어려운 일인데요. 그래도 이 이야기를 꾸준히 해 놓아야 기회가 생길 때 제대로 바꿀 수 있지 않을까 하는 생각에서 자꾸 이야기합니다.

불법파견 공약도 안 지켰다!

사회자 불법파견 문제로 돌아와서요. 문재인 정부 공약 중에 불법파견 최초 판정 시 정규직 전환한다는 공약이 있었잖아요. 이게 지켜졌다면 상당한 변화가 있었겠죠? 당시 불법파견 판정을 받은 기업들이 있었는데, 한국지엠도 그렇고요. 그런 기업들은 지금 어떻게 됐습니까?

윤 그 약속을 지켰다면 어떻게 됐을지는 지금 상상이 잘 안 됩니다. 왜냐하면 제가 노동조합에 가입한 시점에도 이미 오랜 시간 동안 불법파견 판결이 지연되고 있는 상황이었거든요. 그래서 지켰다면 어떻게 됐을지보다는 지금 어떤 상태고 그동안 어떤 과정이 있었는지를 먼저 이야기하면 좋을 것 같아요.

닉 라일리 지엠 전 사장이 벌금형을 받았어요. 2013년쯤 대법원에서 불법파견 사용으로 유죄 판결을 받았거든요. 그런데도 비정규직 노동자들의 소송(근로자지위확인소송 등)은 계속 판결이 미뤄지고 있었고요. 2018년쯤에는 창원 공장 비정규직 노동자들에 대해 고용노동부가 직접 고용 시정 명령을 내렸지만 사측은 계속 늑장을 부렸어요. 그러는 동안 창원 공장이 축소되고, 결국 그 노동자들은 전부 해고됐거든요. 다들 잘 아시겠지만 군산 공장도 폐쇄되면서 비정규직 노동자들이 해고됐습니다. 부평 2공장의 경우에도 2교대에서 1교대로 전환하면서 많은 노동자들이 해고됐죠. 법원이 계속 판결을 미루지 않았다면 이런 일들이 발생하지 않았을 거라고 생각합니다.

사회자 아주 중요한 지점인 것 같습니다. 당사자들에게도 통탄할 일이지만, 사회 정의 차원에서도 크게 잘못된 일이네요.

윤 최근에는 한국지엠이 지엠지부 정규직 노조를 통해 특별협의 공문이라는 걸 보냈어요. 비정규직 관련해서 협의를 하자는 건데요, 내용이 불명확합니다. 비정규직 불법파견 문제를 해결하겠다는 내용이 명확히 들어가 있으면 저희도 그걸 보고 교섭이든 어떤 방식이든 대화를 해 보겠지만, '협의'라는 명칭만 있고 어떤 내용을 논의할지를 정확하게 알려 주지 않는 상황이거든요. 그게

한국지엠 불법파견 소송 일지

2005년 1월 민주노총과 금속노조, 한국지엠(당시 지엠대우) 불법파견 문제를 고용노동부에 진정

2005년 4월 고용노동부, 한국지엠 창원 공장의 6개 하청 업체 843명에 대해 불법파견 판정

2006년 3월 고용노동부, 당시 한국지엠 사장 닉 라일리와 창원 공장 6개 하청 업체 사장을 검찰에 고소

2009년 6월 1심, 한국지엠 무죄

2010년 12월 항소심, 한국지엠 유죄 및 벌금형 선고, 불복한 한국지엠은 대법원에 상고(3년 간 불법파견 판결에도 정부는 아무 조치도 취하지 않음)

2013년 2월 대법원, 한국지엠 창원 공장 원·하청 대표에 대해 불법파견(형사) 판정 및 벌금형 선고

2013년 6월 한국지엠 하청 업체 노동자 5명, 한국지엠을 상대로 불법파견(민사) 소송 제기

2014년 12월 고용노동부, 대법원 판결 10개월이 지난 후에 특별근로감독 진행 & 한국지엠 창원 공장에 불법파견 혐의 없음 발표(불법파견 판정받은 843명 중 정규직 전환이 1명도 이뤄지지 않음)
하청 업체 노동자, 1심 승소

2016년 1월 하청 업체 노동자, 항소심 승소

2016년 6월 하청 업체 노동자, 대법원에서 승소. 이후 승소한 5명은 한국지엠 창원 공장 정규직으로 전환됨(이후 2015년엔 78명, 2017년엔 114명이 집단소송 제기. 모두 1심과 2심에서 승소)

2020년 6월 서울고등법원, 한국지엠의 항소 기각(한국지엠이 비정규직 노동자들을 불법파견으로 사용해 왔다는 1심 판결 유지)

2020년 7월 검찰, 불법파견(파견근로자보호 등에 관한 법률 위반) 혐의로 카허 카젬 당시 한국지엠 대표이사 등 임원 5명 불구속 기소

2022년 4월 한국지엠, 부평과 창원 공장 5개 하청업체에 계약해지, 해당 하청 업체 노동자 350명에 해고 예고 통보

작년 2021년 11월쯤의 일이었는데, 법원에서는 그런 공문을 근거로 지엠이 협의를 하고 있으니 노사가 잘 해결할 수 있을 것 같다, 그러니 판결을 조금 연기해도 좋지 않겠냐, 이런 식으로 나오고 있어요.

그리고 메리바라라고 지엠 총괄 부사장이 있어요. 그 사람이 작년 가을에 한국에 왔을 때도 저희가 항의를 했는데, 지엠측에서 법원에 50m 이내 접근금지 가처분 신청을 했어요. 그 건에 대해서는 법원이 하루 만에 승인을 해 주더군요. 비정규직 노동자들과 관련된 판결은 계속 늑장 부리면서 미루다가 그런 건에는 바로바로 판결을 내려 주는 겁니다. 그리고 사측에서 협의를 요청하는 공문을 보내면서 노조의 농성장은 철거하라는 공문도 같이 보냈거든요. 이런 식으로 재판이 10년 이상 지연되고 있으니…….

저희 조합원들 중에는 10년 넘게 재판 중이신 분도 있거든요. 이런 과정을 계속 겪다 보니까 지치기도 해요. 사측이 그런 부분들을 이용하는 것 같습니다. 한창 불법파견으로 싸우면서 노조에 힘이 실릴 때 노동자들의 손을 들어 줬다가는 불법파견 소송이 더 확산될 수도 있는 상황이라고 판단했겠죠. 그래서 이 재판만 신속하게 이뤄졌다면 희망찬 미래를 그려 볼 수도 있지 않았을까 이런 생각도 해 봅니다.

2020년 12월 30일인가요? 포스코에서도 최종 선고를 앞두고 있었는데 그걸 1시간 전에 미뤘어요. 조합원 중 한 분이 정년을 넘기셨는데, 정년이 지난 경우에 어떻게 판결한다는 선례가 없었기 때문에 재숙고를 해야 한다는 이유로 선고를 미룬 겁니다. 불법파견 판결을 미루지만 않았어도 그런 문제가 생기지 않았을 텐데, 늑장 재판을 하니까 그런 문제들이 계속 생기고 있는 거죠.

안 판결이 지연되는 문제가 있고, 판결이 나도 이행되지 않는 문제가 있고 첩첩산중이네요. 이건 법치라고 할 수가 없습니다. 그냥 절대적으로 노동자들에게 불리하도록 기울어져 있는 거죠.

윤 벌금도 기껏해야 700만 원, 이런 식으로 선고하거든요. 솜방망이 처벌을 하니까, 기업들도 그냥 불법파견 사용하고 말자는 식이에요.

사회자 2013년에 벌금이 700만 원 선이었네요. 기업의 입장에서는 불법파견을 바로잡지 않는 쪽이 이윤이 더 크겠어요.

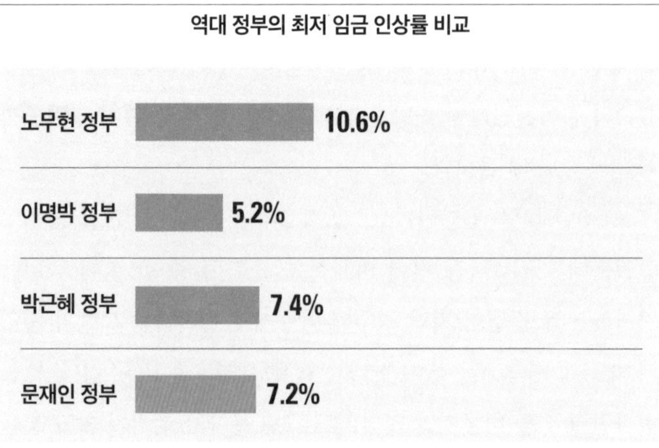

최저 임금 정책, 진짜로 중요한 것은

사회자 다음 질문으로 넘어갈게요. 문재인 정권에서 좋은 일자리 창출을 가로막은 정책들이 또 있잖아요. 최저 임금의 경우 박근혜 정부보다 인상률이 낮아요. 초반에는 최저 임금을 대폭 인상하고도 좋은 평가를 받지 못했고, 재작년이었나요? 최저 임금 1만 원 공약은 공식적으로 폐기를 했어요. 지금 시점에서 돌아볼 때 문재인 정부가 어떻게 했어야 한다고 보시나요?

오 최저 임금을 임기 첫해에 16.4%, 두 번째에 10.9% 올렸습니다. 이렇게 두 번에 걸쳐서 두 자릿수를 올렸는데 지엠은 그때 임금이 어떻게 바뀌었어요?

윤 그때 처참했죠.

오 두 번에 걸쳐서 두 자릿수를 올렸는데 왜 처참해요?

윤 산입범위 개악 이야기를 안 할 수가 없을 것 같아요. 몇 년 전이라 정확한 수치는 생각이 안 나는데, 최저 임금을 계산할 때 기본급에 상여금이나 다른 수당까지 산입하게 했잖아요. 그렇게 개악을 했어요. 저희 공장의 업체들 중에는 상여금이 있는 곳이 많아요. 10여 개 업체가 있는데…….

사회자 공장 안에 10여 개 업체가 같이 있어요? 그러니까 지엠 정규직이 있고 1차 하청도 있고 2차 하청도 있는 거예요?

윤 1차 하청 업체가 3개 정도 있고요. 거기다 식당 따로 경비 따로 또 있어요. 2차는 10개 정도 되는 것 같은데 많아서 정확하게 세기가 어려울 정도입니다.

그 많은 업체들 중에 대표적으로 아진테크라는 업체는 원래 상여금이 600% 정도였는데 산입범위 개악이 이루어진 후에 530%로 떨어졌어요. 원래 업체에서는 거의 반 토막을 내려고 했는데, 그나마 노동조합이 있었고 노동자들 반발이 심해서 70%만 깎인 겁니다. 그것도 거기가 다른 업체에 비해서 노동조합이 그나마 잘 싸워 왔기 때문에 높은 상여금을 유지하고 있었고 그렇기 때문에 그나마 조금 깎인 거죠.

제가 소속된 업체는 상여금이 200% 정도로 낮아요. 그런데 그걸 100%로 깎겠다고 했어요. 거의 절반을 날리겠다고 이야기한 거죠. 그렇게 해서 최저 임금 인상을 사실상 무력화하려는 시도들이 있었고요. 그때는 노동조합에 가입하기 전이었는데 저희 업체 노동자들도 반발이 심했지요. 사람들이 집단적으로 반발하려고 하면서 분위기가 안 좋아지니까 사측에서 조금만 깎았지요. 상여금은 그냥 두고 명절 상여금 정도만 줄이겠다고 했어요. 명절 상여금이 원래 35만 원인가 그랬는데 20만 원으로 줄였어요. 그나마 노동자들이 반발하니까 덜 깎인 겁니다. 노동조합이 있는 곳이 이 정도입니다. 같은 사내 하청이어도 어떤 업체에는 노동조합이 있고 어떤 업체에는 조합원이 하나도 없거든요. 조합원이 없는 곳은 아예 확인도 안 되는 경우가 많아요. 그래서 최저 임금이 올랐지만 내 월급은 오르지 않은, 그런 상황이었습니다.

오 그렇죠. 최저 임금이 2회에 걸쳐 두 자릿수 인상률을 기록했으니 역대 최대로 많이 인상한 것처럼 보이지만, 비정규직 노동자들 중에 실제 임금이 오른 사람은 거의 없습니다. 이미 산입범위 개악 전에도 상여금이나 수당을 녹이는 방식으로 해 왔어요. 그런데 산입범위가 개악된 뒤에는 그걸 기본급으로 전환시키지 않고 그냥 각종 수당과 상여금으로 두고도 최저 임금 계산할 때 산입할 수 있게 됐습니다. 그러니까 사용자인 자본의 부담을 덜어 준 거죠.

문재인 정부 들어서 시간당 임금 기준으로 보면 저임금이 많이 줄었어요, 실제로. 그런데 월 임금으로 보면 저임금이 늘어났습니다. 이게 무슨 뜻일까요? 시간당 임금이 늘어날 수밖에 없는 건 최저 임금이 시간당 임금을 기준으로 하고 있기 때문이죠. 최저 임금이 오른 만큼 시간당 임금도 일정하게 올랐어요. 그런데

임금분포곡선

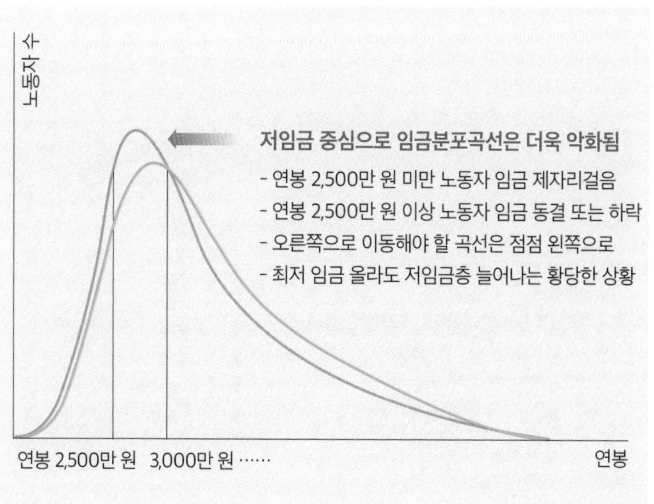

최저 임금이 오르는 대신 각종 수당이 줄어들거나 아니면 반대로 저임금 노동자들의 노동 시간이 줄어든 겁니다. 휴게 시간을 늘리거나 휴일을 늘리거나. 최저 임금 단가가 세지니까 일을 많이 안 시켜요. 그래서 월평균 임금으로 보면 저임금이 오히려 늘어납니다. 이 데이터가 여러 가지를 말해 주는 것 같아요.

그리고 산입범위 개악은 진짜 말도 안 되는 겁니다. 당시 스테이크 그림이 유행했잖아요. 앞으로 스테이크 1인분을 150g에서 180g으로 늘린다고 해서 환호하는데, 알고 보니 앞으로는 반찬 무게까지 합쳐서 180g이었던 겁니다. 고 노회찬 의원은 '물 먹

최저 임금 산입범위 2018년 5월 28일 최저임금법 개정안을 통해 최저 임금 산입범위가 대폭 확대되었다. 산입이란 셈하여 넣는다는 뜻이다. 무엇을 넣는다는 걸까? 상여금과 복리후생비 등 기존에 월급에 추가적으로 얹어 주던 각종 수당들이다.
정확히 말하자면 2020년 기준으로 상여금의 20%만 기본급에서 제외되며, 복리후생비의 경우 5%만 제외된다. 그리고 2024년에는 상여금과 복리후생비가 완전히 기본급에 포함된다.
그리하여 최저 임금이 올라도 실제로 노동자들이 받는 임금은 오르지 않는 경우가 생겨난다. 심지어는 임금이 감소할 수도 있다.

* 예: 최저 임금을 받는 내가 열심히 일해서 매월 200만 원의 기본급을 받았고, 회사가 주는 상여금 40만 원, 복리후생비 10만 원을 받는다고 가정해 보자. 2019년까지 나는 200만 원 + 40만 원 + 10만 원, 즉 총 250만 원의 월급을 받을 수 있었다. 2020년이 되어 최저 임금이 오르고 더 많은 시간을 일해서 내 기본 월급이 220만 원이 되었다고 치자. 하지만 최저 임금 산입범위가 확대되면서 기존에 받았던 상여금 40만 원 중 20%만 기본급에서 제외된다. 즉 나의 상여금 40만 원 중 20%를 제외한 32만 원이 기본급에 포함되는 것이다. 기본급 외에 추가로 받게 되는 돈은 8만 원. 그뿐인가. 회사에서 점심값 하라고 얹어 줬던 복리후생비 10만 원 중 기본급 말고 추가로 받을 수 있는 금액은 단지 5%인 5,000원뿐. 나머지 9만 5,000원은 죄다 내 기본급에 포함되어 있다. 2021년 기본 월급이 20만 원 올랐지만, 나의 한 달 총수입은 오히려 220만 원 + 8만 원 + 5,000원, 즉 총 228만 5,000원으로 더 줄어들었다!

인 소' 혹은 '키높이 구두'라는 비유도 사용했어요. 실제 키는 안 컸는데 키높이 구두를 신어서 키가 커진 것처럼 느끼게 만든다는 겁니다.

안 이명박 정부와 박근혜 정부도 최저 임금 산입범위는 못 건드렸잖아요.

오 그렇죠. 총액 임금으로 보면 박근혜 정부보다도 최저 임금을 덜 올린 겁니다. 그러니까 산입범위 개악을 빼고 이야기해도 최저 임금 인상폭이 박근혜 정부보다 못해요. (청중 탄식) 평균 계산을 해 보면 그렇고요. 만약 여기에 산입범위 개악까지 포함시키면 이명박하고 비교해야 할 상황입니다.

안 그러면 아진테크라는 업체의 노동자들도 투쟁을 통해서 상여금을 그동안 올려놓은 건가요?

윤 상여금 삭감을 막아 놓은 거죠. 그동안 산입범위 개악이 아니더라도 꾸준히 하락해 왔거든요.

오 원래는 전체 업체가 다 상여금 600%였는데, 다른 데는 노조가 없으니까 500%, 400%, 200%까지 떨어졌고 아진테크는 오래전부터 강력한 노조가 있었으니까 600%를 유지하다가 그나마 530%로 떨어졌어요.

안 학교 비정규직 같은 경우는 그동안 투쟁을 해서 여러 가지 수당을 쟁취했다고 하는데, 이분들은 산입범위 개악 때문에 임금이 진짜로 줄어들 수도 있다고 들었던 기억이 나네요.

사회자 다음 질문으로 넘어가서요. 한때는 최저 임금이 1만 원만 되면 굉장히 많은 문제가 해결될 것 같았거든요. 그래도 최저 임금이 높아지는 게 맞는 건지, 아니면 근본적으로 다른 뭔가가 해결돼야 하는 건지 궁금합니다.

오 아까 말씀드린 통계 있잖아요. 최저 임금이 올랐고 시간당 임금으로 보면 저임금이 해소되는 것처럼 보이지만 월 임금으로 보면 그렇지 않다는 거요. 정반대입니다. 일종의 풍선 효과처럼 뭐 하나가 올라가면 다른 하나가 내려가는 일이 벌어졌어요. 이 풍선 효과는 자연스럽게 발생한 게 아니라, 자본 측에서 자기 이윤을 꾸준히 유지하기 위해서 이쪽이 올라가면 이쪽을 강제로 낮추는 겁니다. 이렇게 내버려 두면 최저 임금을 올린 효과가 거의 안 나오거든요. 마찬가지로 노동 시간을 단축하긴 했는데 한쪽에서는 다른 방식으로 노동 시간을 늘리는 길을 열어 줬잖아요. 그러면 똑같은 풍선 효과로 이쪽이 확 늘어나서 전체 총 노동 시간은 줄어들지 않습니다. 그리고 그 피해는 고스란히 저임금, 무노조 등 열악한 환경의 노동자에게 집중됩니다. 그래서 최저 임금 대폭 인상, 노동 시간 단축 등이 취지는 참 좋은데 어느 순간부터 제대로 작동을 안 하더라는 겁니다. 원하는 방향으로 작동이 안 되고 있어요. 그 여러 이유 중 하나가 저임금 노동자들의 저항력이 부족하고 보호막이 없어서입니다.

그래서 제가 '빌드업[Build-up]'이라는 용어를 사용합니다. 최저 임금은 계속 높여가고 노동 시간도 단축시키는 방향으로 가야 하지만, 이게 제대로 작동하기 위해서는 반드시 아래서부터 층층의 빌드업을 해 나가야 합니다. 이를테면 5인 미만 사업장에 근로기준법이 적용되지 않는 현실을 그대로 두고 최저 임금 올리고 노동 시간 단축해 봐야 그런 사업장들에서는 다른 방식으로 이윤을 뽑아 간다는 겁니다. 최저 임금이 높아지면 다른 수당을 줄이거나 노동 시간을 확 줄여 버리는 방식으로 지불 총액을 줄인다든지. 노동 시간을 단축하면 특별연장근로니 하는 이상한 제도가 또 있고…….

안 중대재해법에서도 5인 미만 사업장을 제외시켰잖아요. 오히려 반대로 갔어야 하는 거고, 다른 모든 정책을 수립할 때도 5인 미만 사업장이 정말 중요하다는 말씀이네요.

오 네. 그래서 5인 미만 사업장을 비롯해서 현재 충분한 보호를 받지 못하고 있는 노동자들에게 근로기준법이 온전히 적용되도

퀴즈

다음 중 현재 근로기준법을 적용받지 않는 노동자를 모두 고르시오.

① 공공 부문 비정규직
② 공공 부문 자회사(30인 이상) 정규직
③ 5인 미만 사업장 정규직
④ 플랫폼 노동자
⑤ 특수고용 노동자

정답: ③, ④, ⑤

록 해야 합니다. 그리고 또 하나, 플랫폼이나 특수고용 노동에는 아예 최저 임금 자체가 적용이 안 되잖아요. 시간당 임금으로 계산하는데 노동 시간 측정을 어렵게 해 놓았어요. 플랫폼 노동이나 특수고용의 경우에는 건당, 탕당 이런 식이니까요. 그래서 플랫폼이나 특수고용 쪽에 최저 임금과 같은 역할을 하는 제도를 도입하거나, 최저 임금을 적용할 수 있는 방법을 찾아야죠. 그게 안 되니까 사용자들이 최저 임금 인상을 비켜 갑니다. 최저 임금이 오를 때 멀쩡한 노동자를 특수고용이나 플랫폼으로 바꿔 버리는 방식으로 최저임금제도에서 벗어나는 거죠. 그래서 5인 미만 사업장에 근로기준법을 적용하고 플랫폼, 특수고용에도 노동법이 온전히 적용되도록 하는 조치들이 밑에 깔리지 않으면 그 위에 지어지는 노동 시간 단축이나 최저 임금 인상은 모래 위의 성입니다. 쉽게 허물어지거나, 의도와 다른 효과가 나타나게 됩니다. 노동자층마다 다른 효과가 나타나고 그중에서도 저임금 노동자에게 피해가 집중되는 걸 많이 봤습니다. 이 점은 꼭 강조하고 싶어요.

안 조금 다른 이야기인데 최저 임금 인상 이야기만 나오면 자영업자들이 힘들다는 반박이 나옵니다. 그런데 일단 자영업자 중에 고용원 있는 자영업자 비율이 생각보다 낮습니다. 고용원 있는 자영업자가 3분의 1 정도예요. 나머지 3분의 2는 최저 임금과 직접 관련 없는 요인들 때문에 어려운 겁니다. 자영업자 간의 과당 경쟁, 프랜차이즈 갑질, 플랫폼의 횡포, 그리고 무엇보다 임대료 부담이 있죠. 자영업자 대상으로 설문조사를 하면 70% 이상은 임대료가 가장 큰 부담이라고 대답해요. 그래서 문제인 정부가 정말 최저 임금을 인상해서 소득주도성장이란 걸 성공시킬 마음이 있었다면 당연히 최저 임금을 올리면서 임대료도 손을 봤어야 하는 겁니다. 임대료 동결이나 상한제 같은 조치가 필요했을 거라고 생각하고요. 지지율 80% 나올 때는 충분히 할 수 있었습니다. 또 프랜차이즈 갑질 방지 정도는 사전에 했으면 좋았겠죠. 사전에 못 했다면 최저 임금을 먼저 올리고 후속조치로 임대료나 갑질을 줄여 줘야죠. 그래야 자기들의 정책이 성공하는 건데 그런 노력도 없이 무방비로 당하다가 결국 최저 임금 공약을 파기해 버리는…. 이런 일이 최저 임금은 물론이고 정책 전반에서 반복되는 게 답답했죠. 문재인 정부는 기득권의 반발을 두려워한 것 같아요. 임대인의 힘이 세니까 나중에 코로나가 발생하고 나서도 상가 임대료는 전혀 건드리지 못했거든요.

사회자 네. 다음 질문으로 넘어가서요. 산재를 줄인다는 약속은 지켜졌다고 봐야 할까요?

오 혹시 현장에 변화 같은 게 느껴지나요? 재해나 산업안전 관련해서 몇 년 전과 지금이 뭐가 달라요?

윤 글쎄요…….

오 중대재해법도 시행되는데…. (긴 침묵) 약속이 안 지켜졌네요. 달라진 게 없으니까. 아마도 숫자는 줄어들었을 겁니다. 코로나 사태로 전체 취업자 수나 노동 시간이 줄었기 때문에 사망 사고 자체는 분명히 줄었을 거고요. 그런데 그 이상의 효과는 없었다는 거죠. 이를테면 추락 사고를 절반 이상으로 줄인다느니, 3분의 1로 줄인다느니 했지만 그 약속들이 하나도 안 지켜졌다고 봐야죠. 김용균 노동자 돌아가셨을 때 문재인 대통령이(2022년 1월 기준) '김용균법' 처리하고 나서 수석·보좌관 회의 자리에서 했던 이야기가 있어요. '사고가 발생하면 사장을 비롯해서 경영진도 문책해야 한다고 본다. 그렇게 해서 사장이나 임원진들이 자기 일처럼, 자기 자식 돌보듯이 직원들을 돌보도록 만들어야 한다.' 저는 바로 이런 발상이 가장 큰 문제라고 생각합니다.

실제로 공기업 사장들이나 원청 사장들은 다 자기 직원들에게 사고가 나지 않도록 열심히 챙겨요. 그게 문제죠. 어렵고 힘들고 위험한 일은 자기 자식이 아니라 남의 자식한테 맡기거든요. 김용균의 태안화력만 해도 하청 노동자들이 죽어 갔던 거고 정규직 사망사고는 한 건도 없었어요. 하청 주고, 외주 주고, 그게 문제입니다. 자기 직원들만 자기 자식처럼 돌보도록 만들었다는 것. 그런데 대통령의 인식이 그 정도였다는 거죠. 위험의 외주화, 죽음의 하청화, 이런 지점에 주목했어야 하는데 사실 이런 면에서는 진전이 거의 없는 상태 아닌가 합니다.

좋은 일자리는 밑에서부터 쌓아 올려야

사회자 아까 잠시 나왔던 노동 시간 이야기로 넘어갑니다. 노동 시간을 단축하면 일자리가 더 만들어질 수 있었는데, 그 가능성도 무산된 것 같아요. 탄력근로제 개악에 대해서 이야기해 볼까요?

오 탄력근로제하고 특별연장근로가 문제인데, 특히 코로나19 이후로 특별연장근로가 어마어마한 범위로 늘어났어요. 사실 제가 알기로는 탄력근로제 개악 이후에 탄력근로제 활용하는 기업보다 특별연장근로 활용하는 기업들이 훨씬 많아요.

예를 하나 들어드릴게요. 한국지엠에서 창원에 있는 물류센터를 폐쇄했거든요. 한국지엠은 창원하고 세종에 물류센터가 하나씩 있는데, 물류센터가 하나 있으면 되지 왜 두 군데나 운영하느냐, 이게 지엠 측 논리였어요. 그래서 노조가 반발했지만 창원 물류센터를 강제로 폐쇄해 버렸어요. 폐쇄하고 나니까 일이 잘 안 되죠. 물류센터를 하나로 합쳤지만 거기서 해결이 다 안 됩니다. 무슨 일이 벌어졌을까요? 세종물류센터에서 노동자들이 연장근로를 해야 합니다. 그래서 세종물류센터에서 특별연장근로를 신청하고 고용노동부가 사흘 만에 받아 줍니다. 기막힌 일이죠. 노동 시간 단축을 하면 일자리가 늘어나는데 이건 정반대로 특별연장근로를 이용해 일자리를 줄여 버린 사례입니다. 창원물류센터가 폐쇄되면서 창원에 있던 비정규직 다 잘려 버렸죠. 고용이 줄었고 이걸 특별연장근로라는 방식으로 다 흡수해 버렸어요. 이렇게 노동 시간 연장으로 일자리를 줄여 버리는 걸 정부가 승인하고 있는 꼴입니다.

어쨌든 주간 최대 노동 시간이 52시간이죠? 한국은 주 40시간제를 하는 나라고, 이걸 정식화했다고 이야기하죠. 하지만 52시간 상한선을 정해 놓으면 뭐 합니까? 탄력근로제와 특별연장근로로 구멍을 다 뚫어 놓았잖아요. 이건 노동 시간 단축을 통해서 일자리가 늘어날 수 있는 잠재력을 다 죽여 버리는 정책입니다.

문재인 정부의 노동 관련 정책이 다 이런 것 같아요. 개혁적인 걸 할 것처럼 하다가 수많은 예외를 열어 줌으로써 사실상 앞에 진행한 개혁이나 제도 개선이 의미가 없어지게 만들어 버립니다.

안 크게 공감합니다. 개혁을 전혀 안 했다고 하기는 애매하죠. 문재인 정부는 개혁하는 시늉만 하거나, 뭘 하다가 뒷걸음질을 쳐서 이도 저도 아닌 결과를 만들어 낸 게 많아요. 결과적으로 4년이 지나고 나니 사회적인 담론들은 더 후퇴한 것 같아요. 지금은

좋은 일자리는 아래서부터 쌓아 올려야(Build-up)!

좋은 일자리 Build-up!

- 일자리는 기업이 아니라 노동자, 시민이 만드는 것. 제대로 일자리 만들 정책을 사용해야
- 일자리 부족 문제의 핵심은 공공 부문이 아니라 민간부문. 불법파견 해결, 노동 시간 단축

최저임금제 Build-up!

- 원청 재벌과 대기업이 하청 업체의 최저 임금 지급, 최저 임금 인상분을 책임지도록 법제화
- 중소영세기업, 자영업자 상생을 위해 카드수수료 인하, 건물주와 프랜차이즈의 갑질 감독·처벌
- 좋은 일자리 많이 만들어야 자영업 쏠림 막고 선순환 가능

주 4일제 Build-up!

- 5인 미만 사업장 근로기준법, 중대재해법 전면 적용
- 시급제가 아니라 월급제로
- 원청 사업주가 하청 노동자 생활임금 보장
- 비정규직, 청년, 여성, 이주노동자에 차별 없도록
- 주 5일제에서 주 4일제로 갈 경우 현재 인력 4~5명당 1명 충원

최저 임금 제도를 어떻게 개선해야 한다는 이야기를 꺼내기도 어렵잖아요. 오히려 윤석열 후보 진영에서는 최저 임금 업종별 차등적용 이야기까지 꺼내고 있어요. 1980년대로 돌아가자는 건지? 양질의 일자리를 만들기 위한 참신한 대안은 아예 논의조차 되지 않으니 답답합니다.

사회자 대선 기간에 주 4일제 이야기도 나오고 120시간 노동 이야기도 나왔잖아요? (청중 탄식) 120시간 노동은 따로 이야기 안 하겠습니다. 주 4일제의 경우 그게 시행되더라도 전체 노동자가 혜택을 보기보다는 공기업이나 대기업 정규직들만 혜택을 볼 것이다, 이런 생각들이 널리 퍼져 있거든요. 이런 문제 때문에 빌드업을 말씀하신 거죠?

오 그렇습니다. 앞에서 말씀드린 것처럼 5인 미만 사업장 근로기준법 적용과 플랫폼·특수고용 노동자의 노동법 적용, 이것들을 밑에 쌓아 놓지 않으면 노동 시간 단축도 바람직한 결과를 낳지 못할 가능성이 높아요. '하지 말자'가 아닙니다. 5인 미만 사업장 근로기준법 전면 적용과 플랫폼·특수고용 노동법 전면 적용! 이걸 최우선 과제로 해결하자는 겁니다.

사회자 아래로부터 촘촘하게 쌓아 올려야 한다, 정치권에서 제발 귀담아 들었으면 좋겠네요. 지금 문재인 정부는 그린뉴딜과 디지털뉴딜로 일자리를 창출하겠다고 해요. 수출 실적이 역대 최고라고 하고 수소 경제가 미래를 열어 줄 거라고도 하는데, 저 같은 사람들에게는 별로 와닿지가 않네요. 삶이 더 나아질 것 같은 생각도 안 들고요. 재벌에게 의존하는 한국형 뉴딜이 답이 아니라면 좋은 일자리는 어떻게 만들어질까요?

오 김영윤 동지는 일자리 만든 적도 있지 않나요?

안 우와. 일자리를 만드신 적이 있어요?

윤 아, 만든 적이 있죠. 일시적이긴 했는데요.

우리 공장에서 만들던 차종 중에 트레일블레이저라고 있습니다. 2019년부터 한국지엠 1공장에서 그걸 생산하기 시작했는데, 차종이 바뀌면 공정 라인도 조금씩 바뀌거든요. 그러니까 부품 수도 굉장히 많아졌어요. 저희 업체는 물류 관련 일을 하니까, 물량이 많아지면 일손이 늘어나야 하는 게 당연한 이치 아니겠습니까? 그런데 회사는 TO를 이유로 계속 인력 충원을 거부했어요.

처음에는 충원 이야기도 못 꺼냈죠. 당시에 저희 회사에는 노동조합이 없었거든요. 그 일을 계기로 노동조합에 가입하게 된 것이기도 해요. 물량이 정말 많았고, 그 당시 관리자도 악덕이었어요. 저랑 같이 작업하는 사람들은 20~30대가 많은데 관리자는 보통 40~50대거든요. 관리자가 반말, 욕설은 기본이고 사소한 일로 트집도 잡고 그랬어요. 그리고 물량이 기본적으로 많으니까 일 자체가 매우 힘들어졌어요.

결정적인 계기로, 저랑 같이 일하던 분이 작업 중에 다칠 뻔했어요. 사람 키보다 높은 자재가 들어오거든요? 그런 자재가 들어오던 중에 천장에 걸려서 쓰러졌어요. 다행히 그분이 자재에 부딪치거나 다치진 않았는데, 그걸 관리자가 보고 욕설을 했던 거죠. 그래서 작업자들 사이에서 난리가 났습니다. 누가 그 일을 해도 그런 사고가 날 수 있었거든요. 물량이 많아서 그러잖아도 힘든데 우리가 뭔가 해야 하지 않겠느냐, 이런 논의가 시작됐어요. 특근을 다 같이 한번 거부하자! 당시에 차를 계속 뽑아내고 있는 상황이고 물량이 워낙 많았기 때문에 근무를 안 할 수는 없었어요. 그런데 특근은 노동자 개인이 법적으로는 거부할 수 있잖아요. 평소에는 그것도 관리자나 회사 눈치를 봐야 하니까 거부하지 못했어요. 그런데 그때는 우리끼리 특근 거부를 해 보자, 그리고 사람도 뽑아 달라고 하자는 합의를 했어요. 그런 과정을 거쳐서 신기하게도 사람이 한 명 들어왔습니다. 사실상 노동자들이 일자리를 창출해 낸 거죠. 그런 의미로 질문을 던져 주신 거죠? 물론 나중에는 회사가 '계약직을 고용하기로 하지 않았느냐.'라는 식으로 말 바꾸기를 하긴 했지만요. 돌아보면 우리가 싸움을 통해 일자리를 만들어 낼 수도 있다는 재밌는 경험이었습니다.

일자리는 기업이 만든다? NO

오 보셨죠? 일자리는 기업이 만드는 게 아니라 노조가 만드는 겁니다. 전반적으로 이렇게 돌아가요. 기업은 투자를 하는 거죠. 투자는 돈이 되니까 하는 거고요. 수소 경제 관련된 투자를 하는 기업이 있다고 쳐 볼까요? 그린 에너지를 위해서 한다기보다 수소 경제를 하면 정부가 보조금 많이 주고 돈이 되니까 투자하는 거지, 자기가 일자리를 만들기 위해서 수소 경제를 하는 미친 기업가는 없거든요. (청중 웃음) 어차피 돈이 되니까 하는 거고, 거기에 고용된 노동자들이 일자리를 더 늘립니다. 거의 100%는 노조가 일자리를 늘려요. 예외는 별로 없습니다. 그래서 저는 '일자리는 기업이 만든다.'는 건 거짓말이라고 자신 있게 말합니다. 일자리는 노동조합이 만들죠.

현대모비스 아래로 전국에 공장들이 10여 개나 있는데, 그 공장들에서 다 노조가 만들어져서 제가 알기로는 거기서 인력 충원 요구를 해서 고용을 1,000명 이상 늘렸거든요? 최소한 1,000명입니다. 그 비정규직 노동조합들이 일자리 1,000개를 만든 거예요. 현장의 이런 구조를 알면 보는 눈이 달라집니다. 일자리를 만들기 위해서 누구의 역량을 키워야 되는지가 눈에 확실하게 들어와요.

안 보통 일자리는 당연히 기업이 만든다고 관성적으로 생각합니다. 조·중·동과 경제신문들이 매일같이 쏟아 내는 사설과 기사가 다 그런 내용이고요. 우리도 그렇고 시민들도, 한번 뒤집어서 생각을 해 보시면 좋을 것 같습니다. 기업이 먼저 나서서 일자리 만들지 않는다. 노동자와 시민이 일자리를 만든다. 우리가 기업에 요구하고 지자체에 요구하자. 노동조합에 힘을 실어 주자. 참 좋습니다.

또 제가 해 본 생각인데요. 역대 모든 집권 세력은 일자리를 양으로 접근했잖아요? 지금 한국형 뉴딜도 일자리를 190만 개를 만들겠다고 해요. 어디서 어떻게 만든다는 구체적인 건 없고요. 일단은 관료들이 그런 수치를 내놓는 걸 좋아하니까 그렇게 됐겠죠. 박근혜 정부 때는 고용률 70% 같은 수치를 내걸고 거기에 집착을 많이 했고요. 그런데 제가 보기에 정권을 잡고 나서 그런 수치를 맞추려면 편법을 쓰거나 재벌에게 의존하거나, 둘 중

하나인 것 같아요. 문재인 정부는 초반에 6개월짜리 단기 일자리를 만들어서 개수를 채웠고요. 지역형 일자리를 시도했는데 문제가 많은 걸로 알고 있고. 정권들이 이렇게 뭘 해 보다가 경제가 어려워지거나 잘 안되면 다음 단계가 있어요. 재벌들을 치켜세우면서 먼저 어떤 민원을 들어주거나 규제 완화 선물을 주고 나서 일자리를 만들어 달라고 부탁합니다. 그런데 역대 정권이 그렇게 해서 성공한 적이 없어요. 시민들과 정치권의 인식이 180도 바뀔 필요가 있다고 생각합니다. '일자리는 재벌에게 읍소해서 만드는 게 아니다.'

오히려 양질의 일자리를 계속 줄이고 있는 주체가 재벌입니다. 재벌은 자체 고용도 줄이고, 한편으로는 하청 업체에 단가 인하를 강요해서 전반적인 고용 개선을 가로막고 있어요. 재벌의 지배력을 견제하고 사용자로서 책임질 부분은 책임지게 하는 게 맞습니다. 다음 정부에게 기존의 관성을 벗어난 획기적인 정책은 기대하기 어렵겠지만, 재벌의 사용자 책임 하나만이라도 확실히 해결했으면 좋겠다는 마음입니다.

사회자 그러니까 재벌은 일자리를 줄이고, 시민과 노동자가 일자리를 만든다는 거네요. 이제 슬슬 마무리할 시점이 다가오는데요. 가벼운 질문들 몇 개 더 해 보겠습니다. 청년들이 바라는 일자리를 마음껏 설계할 수 있다면 어떤 모습일까요?

제가 비정규직으로 일했을 때는 매년 이맘때가 되면 마음이 안 좋았어요. 일자리를 찾아야 하니까요. 기간제 교사는 보통 1년 단위 계약을 하는데, 3월부터 계약이 시작되니까 매년 11월부터 2월까지는 구직 기간인 거예요. 계속 여기저기 돌아다니고, 시험 치러 다니고 하는 게 굉장한 스트레스였습니다. 그래서 저의 경우는 최소한 고용은 안정됐으면 좋겠다, 그런 생각을 많이 했습니다.

윤 이미 일을 하고 있는 입장에서 말씀드리자면, <블랙독>이라는 드라마가 있었어요. 기간제 교사 이야기를 다룬 드라마였는데 저는 그걸 보면서 울었어요. 너무 공감이 돼서요. 어떤 부분이 그랬느냐 하면, 등장인물이 갑질을 너무 많이 당하는 거예요.

저도 비정규직인 입장이니까 사실 공장에서 갑질을 수도 없이 당하거든요. 정규직이 보통 40~50대이기도 하고 고용 관계상 위치도 있다 보니, 정규직 관리자가 뭘 요구해도 제가 거부할 권리가 없어요. 우선 나이 차이도 있으니 더하죠. <블랙독>을 보면 갑질하는 사람은 이미 자기 일이 있는 사람에게 '이것 좀 해 줘, 저것 좀 해 줘.'라고 정말 쉽게 말해요. 그걸 '짬을 당한다.'고 표현하는데, 당해 보면 굉장히 서럽거든요. 제가 친구들과 얘기를 해 봐도 문제가 심각해요. 교사인 친구도 있는데 그 친구는 또 여성이어서 당하는 갑질도 있더라고요. 팀장이나 부장을 달고 있는 사람들이 대부분 40대, 50대 남성이거든요. 그런 관계에서 행해지는 갑질이 굉장히 만연해 있습니다. 청년들이 바라는 일자리는…… 높은 임금일 수도 있겠지만, 최소한 지금처럼 갑질이 용인되는 구조가 없는 일자리가 아닐까 생각합니다.

방청객 2 저는 IT 개발자고요. 지금은 스타트업에서 일하고 있습니다. 상대적으로 처우가 좋은 데서 일하고 있다는 생각이 들어서 민망해지네요. IT 기업은 보편적으로 야근이 많고, 프로젝트

별로 업무에 투입되다 보니 마감에 항상 쫓겨서 힘이 들더라고요. 주변에서 업무 스트레스와 과로로 병치레하시는 분들이 많아요. 갑질이나 차별이 없어지고 사람답게, 안정적으로 일할 수 있는 직장이어야 한다고 생각합니다. 노동 시간이나 최소한의 임금은 당연히 보장되어야 하죠.

방청객 3 오늘 여러 얘기해 주신 것 중에 오민규 실장님, 5인 미만 사업장에 근로기준법 적용이 가장 먼저 필요하다고 이야기하신 부분에 공감하고요. 대선판에서는 노동 의제가 거의 보이지도 않는 것 같습니다. 주 4일제 같은 정책들이 의미가 없는 건 아니지만, 조금 더 근본적인 문제들이 논의되어야 하는데 그렇지 못해서 안타깝습니다. 결국 노동자와 노동조합의 역할이 중요할 것 같다는 생각입니다.

방청객 2 최근에 글을 쓸 일이 있어서 고 김용균 노동자 관련 영상도 다시 돌려 보고 중대재해법 영상과 기사를 찾아봤는데, 정말 처참했어요. 지금도 이렇게 열악한 환경에서 어처구니없이 사람이 죽어 가고 있다니. 청년들이 일을 처음 시작하는 곳들이 생명조차 지킬 수 없는 환경이라는 데 슬프고 화가 났어요. 기본적인 것조차 지켜지지 않는 현실부터 바로잡아야 하지 않나, 이런 이야기를 덧붙이고 싶습니다.

사회자 그렇죠. 사실 청년들이 굉장히 많은 걸 바라는 게 아닙니다. 기본적으로 일하면서 죽거나 다치지는 말아야 되는데 한국은 이것도 아직 안 되고 있어요.

다음 질문은 흥미로운 답변을 들을 수 있을 것 같습니다. 최근 이재명 후보가 "동일 노동을 한다면 비정규직 임금이 더 높은 게 정상이다."라는 발언을 했어요. 비정규직 임금을 더 높게 책정하는 걸로 문제가 해결될까요?

오 그 정책은 비정규직 사용 부담금제하고 짝을 이루는 관계입니다. 동전의 양면이에요. 비정규직을 많이 쓰는 사용자에게 페널티를 주느냐, 아니면 비정규직 노동자에게 인센티브를 주느냐. 동전의 어느 면을 택하든 비정규직이 줄어들거나 혹은 비정규직에게 조금이라도 도움이 될 거라는 발상이지요. 그런데 비정규직 사용 부담금제도 공약해 놓고 안 했잖아요.

어떤 정책이든 한국은 앞에서 말씀드린 그 모순을 해결하지 않으면 좋은 정책도 다 이상하게 흘러갈 수 있다는 점을 강조하고 싶어요. 사물은 여러 측면을 갖고 있잖아요. 내가 선 자리가 다르면 다른 면이 보이니까 그 면이 진실인 것처럼 자꾸 이야기를 합니다.

사회자 좋은 정책이긴 한데, 이상하게 흘러갈 수도 있다는 말씀인가요?

오 예를 들면 제가 이재명 후보의 이 이야기를 가지고 비정규직 노동자들과 여러 번 이야기를 해 봤거든요? 어떻게 생각하느냐고 물으면, 현대제철 같은 불법파견 사업장에서는 '불법파견도 못 잡으면서 무슨…….', '비정규직 임금 더 주는 게 우선순위가 아니고 정규직 전환이 핵심이야.'라는 반응이 나와요. 비정규직을 줄이려고 해야지 왜 돈을 더 주려고 하느냐는 거죠. 간접 고용 노동자들의 입장은 정확히 그렇게 나옵니다.

다음으로 공공 부문 비정규직을 보면, 공공 부문에서는 정규직 전환되는 흐름도 있었잖아요, 어쨌든요. 정규직화를 했는데 가짜 정규직화니까 임금이 낮아요. 그러니 정규직 전환된 노동자들에게 어떤 임금 체계를 적용하느냐가 중요한데, 이런 공약을 내놓을 거면 왜 그런 경우의 임금에는 적용을 안 했느냐는 겁니다. 이를테면 현재 공무직 위원회라는 기구가 만들어져서 공무직 노동자의 초임 수준을 논의하고 있어요. 그러니 공공 부문 비정규직에게 이걸 들이대면 뭐라고 하겠어요. '아니, 공무직 위원회부터 먼저 뭘 좀 해 봐. 왜 지금 할 수 있는 것도 안 하고 당선을 위해서 그럴듯한 이야기부터 내놓느냐.'라고 이야기하겠죠.

한편 플랫폼이나 대리운전 배달 기사들에게 이 질문을 하면 뭐라고 할까요? '고용이 불안하니까 임금 더 줘야 한다는 발상은 오케이. 그럼 우리는 분초 단위 고용이니 훨씬 더 많이 줘야 하는 거 아냐?' 이런 답이 나오겠죠. 이분들은 고용이 진짜 불안해요. 분초 단위로 고용되고 해고되는 거잖아요. 임금을 많이 주기 싫으면 분초 단위 고용이 아니라 실제 대기하는 시간도 노동 시간으로 봐서 제대로 임금을 주고 노동법을 적용하라는 거죠.

이 정책이 틀렸다는 이야기를 하고 싶은 건 아닙니다. 그보다 먼저 해결해야 할 과제가 있다는 겁니다. 앞에서 여러 번 말씀드린 대로, 어떤 개혁 과제든 5인 미만 사업장 문제와 플랫폼·특수고용 문제를 같이 해결하지 않으면 이런 제도 만들어도 결과적으로는 다른 목적에 쓰이게 된다는 거죠.

이를테면 당장 비정규직은 수당을 조금 더 주기로 했는데, 그러면 국가가 부담이 더 커지니까 '정규직들 임금 좀 양보하세요.' 라는 구도가 돼 버릴 수도 있고요. 혹은 임금 체계를 직무급제로 짜기 위해서 임금을 전반적으로 하향 평준화하자는 주장에 이용될 가능성도 있어요. 재밌는 게 이재명 후보가 이런 이야기를 하는데 '5인 미만 사업장 근로기준법 적용'에 대해서는 유보 입장이라고 했다는 겁니다. 웃기는 소리거든요. 비정규직 수당을 올려주는 게 더 쉽다는 겁니다. 5인 미만은 하기 싫은 거고요. 그래서 역설적으로 무엇이 핵심적인 과제인지를 다시 한 번 확인하게 됩니다.

사회자 마지막 질문을 하고 마무리할까 하는데요. 이제 곧 있으면 대선이 있잖아요. 다음 대통령에게 꼭 하시고 싶은 말씀이 있으시면 자유롭게 말씀해 주시면 감사드리겠습니다.

윤 방금 나온 이재명 후보 발언 질문과도 연관되는 이야기인데, 대선 후보들이 하는 말을 들어 보면 항상 추상적이에요. 사람들이 각자 서 있는 위치에 따라 다르게 받아들이도록 말을 내뱉는 것 같아요. 비정규직, 고용이 불안정하니까 당연히 임금이 높아야 하죠. 그게 당연한 건데 굉장히 추상적으로 들리는 말을 하잖아요? 저만 해도 비정규직이라고 할 수 있지만 하청 업체 정규직이라고도 할 수 있거든요. 통계상으로 저는 비정규직으로 잡히지 않는데, 임금은 또 최저 임금에 가깝다는 겁니다. 그래서 대선 후보가 막연히 "비정규직 임금을 더 높인다."라고 말했을 때 제 입장에서는 '그럼 꼼수를 써서 다 하청 업체 정규직을 만들겠네.' 이런 생각도 들었어요. 다음 대통령이 누가 되든 간에 현실에서 문제 되고 있는 것들을 먼저, 조금 더 구체적으로 들여다보고 이야기해야 하지 않나 싶어요.

안 누가 다음 대통령이 되든지 준비된 것보다 많은 일이 닥칠 겁니다. 물가가 가파르게 오르고 있고, 재벌들은 규제 완화하라는 요구를 쏟아 낼 거고, 또 몇 개월 내로 최저 임금도 결정해야 합니다. 그래서 대통령 될 사람의 입장이 분명해야 합니다. 지금까지 해 오던 대로 상위 5%의 편을 들 것인가? 아니면 불평등한 구조에 짓눌려 있는 다수 노동자와 서민의 입장에서 정책을 집행할 것인가? 소신 있게 했으면 좋겠고요. 성장률에 집착하지 말았으면 합니다.

오 정말 불행한 시기죠. 지금 한국의 다수 노동자나 시민 입장에서 기호 1번을 보나, 2번을 보나, 3번을 보나 불행한 미래가 기다리고 있다는 느낌일 테고요. 투표장에 가기 싫다는 사람이 그 어느 때보다 많습니다. 문제는 어쨌거나 정권이 교체되면 반드시 맞이해야 하는 문제들이 있는데 대선 국면에서 전혀 논의가 안 되고 있어요. 노동의 문제, 그리고 기후위기와 산업 전환. 이건 2023년까지, 2년 사이에 답을 내놓아야 하는 문제거든요. 지금은 그저 당선되기 위해 온갖 '표퓰리즘' 공약을 쏟아 내고 있지만 막상 대통령이 되고 나면 누가 되든 기후위기와 산업 전환을 피해 갈 수가 없습니다. 이 문제를 어떻게 해결하느냐가 우리가 불행한 몇십 년을 맞이할지 어떨지를 정하게 됩니다. 제대로 된 논의를 통해 대책을 세우고 대안을 찾으면 좋겠습니다.

사회자 차기 대통령이 누가 되든 간에 지지 기반은 굉장히 취약할 거라는 말씀에 동의하고요. 똑바로 안 하면 2016~2017년 촛불이 또 켜질 수도 있으니 각오하고, 잘하라는 이야기를 해 주고 싶습니다. 다른 의견 없으시면 이것으로 좌담회를 마무리하겠습니다. 감사합니다.

새롭게 이어 가야 할 노동의 이야기

윤석열 새 정부가 출범했다. 10년, 20년의 집권을 이어 가겠다던 문재인 더불어민주당 정부의 수명은 5년을 넘지 못했다. 너도 나도 새 정부 정책이 이전 정부와 무엇이 달라지는가를 전망하고 있지만, 인수위가 내놓은 국정 과제만 놓고 보면 최소한 노동 정책과 산업 정책은 문재인 정부 후반기 정책을 거의 계승하고 있다.

촛불 정부 흔적이 거의 사라진 문재인 정부의 정책을 새 정부가 바꿔야 할 필요성을 느끼지 못한 것일 수도 있다. 어쩌면 이미 낡아 버린 과거의 프레임을 대체할 새로운 정책을 제시할 역량 있는 정치세력이 아직 등장하지 못한 탓일 수도 있다.

5년 전만 해도 '정규직 전환'이라는 말이 상당수 비정규직의 마음을 얻었지만, 지난 5년간 엄청난 속도로 증가한 플랫폼 노동자에겐 낯선 슬로건이다. 기후위기가 산업 전환을, 그에 따른 일자리와 노동 조건의 격변을 불러올 수 있다는 것도 비교적 최근에 알려진 얘기다.

100년 역사의 ILO 협약을 뒤늦게 비준해 추가된 글로벌 스탠다드가 한국 현실에 어떻게 적용될 것인지, OECD 최악의 산재 사망률 오명을 갓 태어난 중대재해법이 씻어 줄 수 있을 것인지도 관심거리다. 5년 전에는 없었던 이들 제도가 5년 뒤에는 어떻게 평가받을 것인가.

이 책은 낡은 프레임을 대체할 새로운 무언가를 내놓고 있지는 않다. 다만 우리가 맞닥뜨려야 할 새로운 것이 무엇인가에 대해, 전문 연구자나 분석가의 시각이 아니라 (비교적 정제된 형태이긴 하지만) 현장 노동자들의 언어로 설명을 시도한 것일 뿐이다.

여기에 우리가 알지 못했던 노동자들의 언어가 보태지고, 선문 연구자들의 분석과 새로운 시각으로 채색하게 되면, 새로운 프레임의 얼개가 드러나기 시작할 것이다. 국정 과제에 적힌 글자만 보면 이전 정부와 차별점이 없지만 현실에 닥쳐올 변화는 그렇지 않을 것이다.

노동 시간과 임금 체계가 심하게 요동치기 시작하고, 고용보험·산재보험을 비롯한 사회보험의 작동 원리도 변화할 것이며, 따라서 노동자들의 운동도 달라지고 노사관계를 비롯한 모든 관계들의 격변이 따라올 것이다. 지난 대선에서 모든 후보들이 역설한, 일하는 모든 사람을 위한 법·제도의 필요성이 무대 전면에 오르게 된다.

이 책에서 다루기도 했던 플랫폼·특수고용 산재보험 적용 시 부당하게 요구되었던 '전속성'은, 책이 출판되는 지금 시점에 여야는 물론이고 노사 모두 폐지에 동의하고 있어 조만간 국회 통과만 기다리는 상황이 되었다.

노동자와 사용자가 1 대 1 대응관계여야 한다는 전통적인 프레임인 '전속성' 개념이 빛의 속도로 부서지고 있다. 대담에 참여한 플랫폼 노동자들이 이 낡은 프레임 폐지를 위해 가장 앞장섰다는 사실도 뜻깊은 대목이다.

낡은 것은 수명을 다해 사라지기 시작했는데 이를 대체할 새로운 것이 등장하지 않고 있는 상태가 바로 '위기(Crisis)'를 정의하는 개념이다. 그런 의미에서 윤석열 정부 5년의 기간은 노동정책도, 그리고 노동도 모두 위기 국면을 겪을 수밖에 없다.

하지만 그 위기는 결국 새로운 것을 잉태하기 위한 고통의 시간인 바, 이 위기를 어떻게 살아 내느냐에 따라 새로운 시대의 내용과 주인공이 달라질 것이다. 이 책은 5년 뒤에 뒤를 돌아보게 될 이들이 참고해야 할 소중한 기록이 되어줄 것이다.

2022년 봄

저자 일동